国語教師のための

国際バカロレア入門

授業づくりの視点と実践報告

半田淳子 [編著]

大修館書店

まえがき

　ここ数年、メディアを通じて、国際バカロレア(IB)の名前を目にしたり、耳にしたりする機会が増えました。2016年4月には日本国際バカロレア教育学会が発足し、9月に第1回全国大会が筑波大学で開催されました。さらに、2017年3月には、横浜で国際バカロレア機構 (IBO) が主催する IB Global Conferenceが開催されました。日本開催は初めてのことです。この大会には、アジア太平洋地域だけでなく、世界中の IB関係者が1,000名以上も集まりました。IBは、今や、日本の教育界の新しい潮流として注目を集めています。

　編著者自身も、勤務校である国際基督教大学 (ICU) において、2015年10月に「国際バカロレア(IB) 教育の『今』と『未来』を語ろう」と題するシンポジウムを開催しました。2016年7月には、IBの国語教育に当たる「言語 A：文学」に特化したワークショップを開催し、以来、現職の先生方を中心に勉強会や情報交換会を続けています。本書は、実は、そうした交流の中から生まれた一冊です。

　一方で、「IB教育に興味や関心はあるが、あまり詳しくは知らない」「将来は IB教育に携わってみたいと思っているが、教え方がわからない」などの声も数多く聞きました。本書は、「IB教育をもっと知りたい」「IBの授業を覗いてみたい」といった要望に応える形での、特に国語の教員の方々に向けた入門書です。もちろん、現職の IB認定校の先生方にとっても日々の授業に役立つヒントが満載です。第1章ではIBのディプロマ・プログラム (DP) 全般について、第2章は「言語 A：文学」の教材選びや授業づくりについて、第3章では「言語 A」に関する授業実践について紹介してあります。また、IB認定校出身の学生による座談会や、「言語 A」のカリキュラムを作成する上で重要な資料も掲載しました。

　本書がこれからの日本のIB教育の発展に少しでも貢献できれば幸いです。

半田淳子

目次

まえがき ………………………………………………………………………………… 3

国際バカロレアQ&A ……………………………………………………………… 6

第1章 国際バカロレアとは何か

①国際バカロレアと「国語」教育 ……………………………………………… 10

②プログラムの「学習」と「指導」 …………………………………………… 18

③「知の理論 (TOK)」と「言語A」 …………………………………………… 30

④「創造性・活動・奉仕 (CAS)」と文芸創作活動 ………………………… 42

【コラム①】世界が注目するIB教育 ………………………………………… 54

第2章 「言語A：文学」の授業づくり

【ウォーミングアップ】第2章を読むまえに ……………………………… 56

①作品の置かれたコンテクストを考える──翻訳作品 (小説) ………… 58

②作品の内外から主題を捉える──精読学習 (詩) ……………………… 70

③作品を比較・対比させて論じる──ジャンル別学習 (小説) ………… 84

④プレゼンテーションに向けて作品を研究する──自由選択 (古典) ‥ 96

【コラム②】「言語A：文学」の定番教材とは? ………………………… 108

第3章 「言語A」の実践報告

【ウォーミングアップ】第3章を読むまえに ……………………………… 110

①年間計画／小説と映画「人間の証明」ほか──「言語A：文学」 ‥‥ 112

②戯曲「オイディプス王」──「言語A：文学」 ………………………… 122

③非文学テクスト「漫画・落語・新聞記事」──「言語A：言語と文学」 ‥ 136

④単元「他者と生きる」(「水の東西」「ひかりごけ」など)──MYP ‥‥ 148

【コラム③】「新学習指導要領」と国際バカロレア…………………………162

座談会：IB教育について語ろう！
—IBワールドスクール出身者による座談会— ……………… **164**

資料編
①指定作家リスト（PLA） ………………………………… **174**

②指定翻訳作品リスト（PLT） …………………………… **176**

③外部評価の詳細──上級レベル（HL） ……………… **177**

④外部評価規準──上級レベル（HL） ………………… **179**

⑤内部評価の詳細──上級レベル（HL） ……………… **181**

⑥内部評価規準──上級レベル（HL） ………………… **183**

⑦「言語A：文学」試験見本──上級レベル（HL） …… **184**

⑧DPユニット・プランナー（単元指導案1） ………… **186**

参考文献一覧 …………………………………………… **188**

あとがき ………………………………………………… **189**

執筆者・執筆箇所一覧 ………………………………… **190**

国際バカロレア Q&A

Q1　国際バカロレア(IB)とは、何のことですか。

A　スイスのジュネーブに本部がある国際バカロレア機構 (IBO) が提供する教育プログラムのことです。ディプロマ・プログラム(DP)を履修し、最終試験に合格すると、国際的に通用する大学入学資格 (国際バカロレア資格)が授与されます。(▶第1章①)

Q2　IBには、どんなプログラムがありますか。

A　3歳から12歳を対象としたプライマリー・イヤーズ・プログラム(PYP)、11歳から16歳を対象としたミドル・イヤーズ・プログラム(MYP)、16歳から19歳を対象としたディプロマ・プログラム (DP)、16歳から19歳を対象としたキャリア関連プログラム(CP)の四つの教育プログラムがあります。本書では、DPを中心に紹介します。

（▶第1章①、MYP：第1章②、第3章④）

Q3　IB教育は、どこで学べますか。

A　国内ではインターナショナル・スクールを含め、2017年6月24日現在、46校が CP以外のいずれかのプログラムを実施しています。そのうち、20校がいわゆる1条校です。(▶第1章①)

Q4　IB教育を受けるメリットには何がありますか。

A　国際バカロレア資格の取得だけでなく、色々なメリットがあります。特に、グローバル化が進み、多くの情報に囲まれて生活している現代において、知識は日々更新されていきます。大切なのは知識を学ぶことではなく、自らが多面的に考え、課題を解決していける能力を身につけることです。IB教育では、そのような力を育むことに力を入れています。

（▶コラム①、座談会）

6

Q5 そもそもIB教育と日本の学校教育は何が違うのでしょうか。

A 目指している方向性は同じです。「IBの使命」や「IBの学習者像」が重視する国際的な視野をもった人材の育成や「探究する人」「コミュニケーションできる人」「思いやりのある人」といったことは、日本の教育でも重視されています。特に、今後、順次実施される新学習指導要領の内容はIB教育と近いものになっています。（▶第1章①、コラム③）

Q6 DPでは、どのような科目を勉強しますか。

A DPには「言語と文学」「言語習得」「個人と社会」「理科」「数学」「芸術」の6グループがあり、各グループから1科目ずつ、6科目を履修することになります。また、6科目のうち、3〜4科目を上級レベル（HL、各240時間）で、残りを標準レベル（SL、各150時間）で履修します。また、その他にも、「知の理論（TOK）」、「創造性・活動・奉仕（CAS）」、「課題論文（EE）」がコア科目として必修となっています。

（▶第1章①、TOK：第1章③、CAS：第1章④）

Q7 「言語A」とは何ですか。

A 「言語A」とは母語に相当する言語のことで、すなわち国語教育です。DPの6グループのうち「言語と文学」に属する「文学」「言語と文学」「文学とパフォーマンス」のいずれかを学習します。日本語が母語であれば、日本語の「言語A」を選択します。「言語A」に対して、日本語の「言語B」とは「外国語」としての日本語教育を指し、「言語習得」に含まれます。

（▶第1章①、「文学」：第2章①〜④、第3章①②、「言語と文学」：第3章③）

Q8 IBには、検定教科書のようなものがありますか。

A ありません。ただ、教科ごとに『指導の手引き』『教師用参考資料』などがあり、カリキュラムを作成する際、教師は必ずこれらを参照しなければなりません。また、DPの「言語A」の場合、『指定作家リスト（PLA）』『指定翻訳作品リスト（PLT）』があり、担当教師はそこから授業で扱う作家・作品を選ばなければなりません。（▶第1章①、コラム②、資料編①②）

Q9 　DPを修了するには、どのようなことが必要ですか。

Ａ DPを修了し、国際バカロレア資格（ディプロマ）を取得するためには、6科目に関して、在籍校の内部評価とIBOの外部評価の合計点が規定の点数を超えなければなりません。最終試験は、毎年、5月と11月に行われています。その他、「知の理論（TOK）」のエッセイとプレゼンテーションの実施、「課題論文（EE）」（日本語の場合は8,000字）の提出、「創造性・活動・奉仕（CAS）」の実践も必須です。（▶第1章①、座談会）

Q10 　DPの合格点は何点ですか。

Ａ 6科目（各7点）の合計点が42点で、それにコア科目（CASを除く）の3点を加えて、合計45点が満点です。そのうち、24点以上を取ると国際バカロレア資格（ディプロマ）が授与されます。（▶第1章①）

Q11 　国際バカロレア資格（ディプロマ）は大学入試で使えますか。

Ａ はい、使えます。DP卒業生は世界中の大学で歓迎されています。選抜の方法には2種類あり、DPのスコアのみで入学を許可する大学と、SAT（Scholastic Assessment Test、アメリカの大学進学のための標準テスト）やTOEFLの成績なども一緒に提出させる大学があります。前者はヨーロッパやカナダ、オセアニアの大学で、後者は主としてアメリカの大学です。日本においても、IBを活用した大学入試が増えつつあります。

（▶コラム①）

Q12 　IB認定校で教えるためには、どのような資格が必要ですか。

Ａ IBOが授与しているIB教員認定証（IB Educator Certificate）には、CTL（Certificate in Teaching and Learning）とACTL（Advanced Certificate in Teaching and Learning Research）があります。ただし、必須ではありません。また、資格ではありませんが、IBOが主催する教員研修に定期的に参加することが望ましいとされています。（▶コラム①）

第1章

国際バカロレアとは何か

①国際バカロレアと「国語」教育

②プログラムの「学習」と「指導」

③「知の理論（TOK）」と「言語A」

④「創造性・活動・奉仕（CAS）」と文芸創作活動

第1章　国際バカロレアとは何か

① 国際バカロレアと「国語」教育

｜キーワード｜ IBの使命・IBの学習者像・DP・MYP・
言語A・国語教育

1——国際バカロレアの概要

　国際バカロレア（IB: International Baccalaureate）とは、国際バカロレア機構（IBO: International Baccalaureate Organization）が提供する教育プログラムのことである。1968年にスイスのジュネーブに設立された非営利教育財団であるIBOは、共通カリキュラムの作成や共通試験の実施、国際的な基準による大学入学資格（以下、国際バカロレア資格）の授与などを行っている。文部科学省（以下、文科省）のホームページ（2017）によると、2017年6月1日現在、140か国以上の国と地域で4,846校のIB World School（以下、IB認定校）が開校されている。日本でも1979年以降、国際バカロレア資格を有する者で18歳に達した者は、大学入学に際し高等学校卒業と同等以上の学力があると認められるようになった。IBは、単に大学入学資格を保障するだけでなく、国際理解教育の促進に資するプログラムであるため、ここ数年の教育の国際化やグローバル人材育成の流れを受けて、日本でも注目を集めている。

　IB教育は、3歳～19歳までの児童生徒を対象に、以下の四つのプログラムを提供している。初等教育を意味するPYP（Primary Years Programme、3歳～12歳）、中等教育を意味するMYP（Middle Years Programme、11歳～16歳）、ディプロマ・プログラムを意味するDP（Diploma Programme、16歳～19歳）とキャリア教育・職業教育に関連したCP（Career-related Programme、16歳～19歳）の四つである。IBプログラムは、学校の実情に応じて複数導入することもできるし、どれか一つのみに限定することもできる。IBO（2017）のホームページによると、2017年3月10日の時点で計

10

6,068の教育プログラムが世界中のIB認定校で実施されている。そのうち、国際バカロレア資格（ディプロマ）が取得できるDPの人気が高く3,101校となっており、PYPが1,468校、MYPが1,354校と続いている。ちなみに、日本国内のIB認定校と実施プログラムの数は、現在、以下の通りである。

▼表1：IB認定校数と実施プログラム

学校別	総数	PYP	MYP	DP	CP
1条校	20校	1	5	17	0
各種学校	26校	21	9	16	0
総数	46校	22	14	33	0

（参考：文部科学省ホームページ、2017年）

「1条校」とは「学校教育法」第1条に規定されている学校のことであり、インターナショナル・スクールなどは「各種学校」に分類される。学校の総数と各プログラムの合計が合わないのは、複数のプログラムを有する学校が含まれているからである。1条校の場合は、やはりDPを実施する学校が多く、PYPを有する学校は1校のみである。逆に、インターナショナル・スクールの場合は、PYPを有する学校が多く、PYPからDPまで三つのプログラム全てを実施している学校も7校ある。

IBにはいわゆる学習指導要領や文科省の検定教科書のようなものは存在しない。各プログラムや教科ごとに『指導の手引き』や『教師用参考資料』が公開されており、原則これらに従うが、授業内容に関してはIB教育を導入した各学校が独自にカリキュラムを立てることになる。つまりは、IB認定校の数だけ多種多様なプログラムがあるということである。とはいえ、IB認定校が目指す方向性は同じである。IB教育が語られる時、必ず言及されるものに「IBの使命」と「IBの学習者像」があり、どのプログラムも「IBの使命」と「IBの学習者像」の実現を目指している。また、IB教育というと、何かこれまでの日本の教育とは異なる理念や目的を有しているかのように思わるかもしれないが、星野（2016）が指摘するように、「IBの使命」や「IBの学習者像」に示されていることは、日本の『教育基本法』（2006年12月22日公布・施行）の前文や第1章の第2条「教育の目標」が掲げている内容と基本的に同じ趣旨

第1章　国際バカロレアとは何か

である。以下、簡単な対照表を表2と表3に示す。なお、同趣旨と思われる箇所には下線を引いてある。

▼表2：「IBの使命」と『教育基本法』前文

IBの使命（一部抜粋）	『教育基本法』前文（一部抜粋）
国際バカロレア（IB）は、多様な文化の理解と尊重の精神を通じて、より良い、より平和な世界を築くことに貢献する、探究心、知識、思いやりに富んだ若者の育成を目的としています。	我々日本国民は、たゆまぬ努力によって築いてきた民主的で文化的な国家を更に発展させるとともに、世界の平和と人類の福祉の向上に貢献することを願うものである。 　我々は、この理想を実現するため、個人の尊厳を重んじ、真理と正義を希求し、公共の精神を尊び、豊かな人間性と創造性を備えた人間の育成を期するとともに、伝統を継承し、新しい文化の創造を目指す教育を推進する。

（参考：『DP：原則から実践へ』『教育基本法』）

▼表3：「IBの学習者像」と『教育基本法』（教育の目標）

IBの学習者像（原文）	『教育基本法』（教育の目標）
・探究する人 　（Inquirers） ・知識のある人 　（Knowledgeable） ・考える人 　（Thinkers） ・コミュニケーションができる人（Communicators） ・信念をもつ人 　（Principled） ・心を開く人 　（Open-minded） ・思いやりのある人 　（Caring） ・挑戦する人 　（Risk-takers） ・バランスのとれた人 　（Balanced） ・振り返りができる人 　（Reflective）	1. 幅広い知識と教養を身に付け、真理を求める態度を養い、豊かな情操と道徳心を培うとともに、健やかな身体を養うこと。 2. 個人の価値を尊重して、その能力を伸ばし、創造性を培い、自主及び自律の精神を養うとともに、職業及び生活との関連を重視し、勤労を重んずる態度を養うこと。 3. 正義と責任、男女の平等、自他の敬愛と協力を重んずるとともに、公共の精神に基づき、主体的に社会の形成に参画し、その発展に寄与する態度を養うこと。 4. 生命を尊び、自然を大切にし、環境の保全に寄与する態度を養うこと。 5. 伝統と文化を尊重し、それらをはぐくんできた我が国と郷土を愛するとともに、他国を尊重し、国際社会の平和と発展に寄与する態度を養うこと。

（参考：『DP：原則から実践へ』『教育基本法』）

① 国際バカロレアと「国語」教育

「IBの学習者像」とは「IBの使命」を分かりやすく具現化したもので、10種類の学習者像が平易な言葉（原文は英語）で書かれている。一方、『教育基本法』は法律の文言のため表現こそ堅苦しく感じられるが、両者の意味するところには共通する部分が多い。例えば、『教育基本法』の「真理を求める」とは、IBが重視する「探究する人」と同義である。「自他の敬愛と協力」を重んじ「他国を尊重」するとは、要するにIBの「思いやりのある人」のことであろう。このように表現こそ異なっているが、日本の教育とIB教育は同じ理想を共有しているわけである。

2——DPの科目と仕組み

先にも述べたように、IBには4種類のプログラムがあるが、国内のIB認定校に限らず、海外でもDPを導入する学校が多い。その理由は、DPを履修し、最終試験に合格した者には、国際バカロレア資格が与えられるからである。国際バカロレア資格は、大学入学資格として、世界中の大学で認められており、入学した学生に対する評価も高い。最終試験は毎年5月と11月に行われており、国内のインターナショナル・スクールを含め北半球の学校は5月試験を、国内の1条校と南半球の高等学校は11月の試験を基本的に受験する。最終試験は外部評価と内部評価を合わせて45点満点で、そのうち24点以上が合格である。ただし、大学や学部、専攻ごとに最低点を設けている大学も多く、例えばイギリスのケンブリッジ大学などは多くの専攻が入学に当たって40点以上を必要としている。また、アメリカの大学は多くの場合DPのスコア以外に、SAT（Scholastic Assessment Test、アメリカの大学進学のための標準テスト）やTOEFL等の成績の提出を推奨している。なお、IBOによると、2016年5月の試験の結果、136か国で約15万人が国際バカロレア資格を取得し、その平均は30.1点であった。ちなみに、平均点は毎年29点から31点くらいの間を推移している。

ここでは、本書の内容に関連するDPについて中心に取り上げる。まず、DPは、コアとなる3科目（必修要件）と6領域（グループ）から成り立っており、同時並行的な学びの中から「学際的な理解とともに科目の専門的な理解」と「将来直面するであろう実生活での課題と向き合う準備となる力強い全人的

13

第1章　国際バカロレアとは何か

能力」(『DP：原則から実践へ』p. 29) を身につけることを目的にしている。コアとなる科目とは、「課題論文 (EE: Extended Essay)」「知の理論 (TOK: Theory of Knowledge)」「創造性・活動・奉仕 (CAS: Creativity, Action, Service)」の3科目である。「課題論文」は履修科目に関連した個人研究であり、研究成果を論文 (日本語の場合は8,000字、英語の場合は4,000語) にまとめて提出する。「知の理論」は、日本の高等学校ではあまり馴染みのないDP独自の科目であり、後述する6領域 (グループ) の全ての科目との関連で「知識の本質」について考え、批判的な思考力を養うことを目的としている。「知の理論」は、2年間を通じて最低でも100時間の学習時間を確保しなければならない。「創造性・活動・奉仕」とは、芸術活動や身体活動、ボランティアなどの体験学習に取り組むことで、「教育体験の幅を広げ、知識と理解を実生活に結びつけて活用する」(『DP:原則から実践へ』p. 5) ねらいがある。ちなみに、最終試験のスコアに関係するのは「課題論文」と「知の理論」のみで、「創造性・活動・奉仕」は評価対象外である。「創造性・活動・奉仕」は授業外の活動であり、学習指導要領の「特別活動」の活動内容と接点があると言える。コア科目に関しては、「課題論文」と「知の理論」の評価結果を組み合わせて最大で3点が与えられる。

　一方、6領域 (グループ) とは、「言語と文学」「言語習得」「個人と社会」「理科」「数学」「芸術」のことで、これら6グループの中から各1教科ずつを選択し、2年間で6科目を学習する。ただし、6科目のうち3〜4科目を上級レベル (HL、各240時間) で、その他の科目を標準レベル (SL、各150時間) で学習することになっている。「言語と文学」は母語の教育、すなわち国語教育であり、「言語習得」は外国語教育のことである。「個人と社会」には、経済、地理、歴史、哲学などの科目のほかに、心理学、情報テクノロジーとグローバル社会、社会・文化人類学などの科目も含まれている。「芸術」とは、音楽、美術、ダンス、フィルム (映像) などである。このように、6領域の科目には、日本の高等学校の教育課程において開設されている教科のうち「保健・体育」と「家庭」を除くほぼ全ての科目が含まれていると言ってよい。なお、最終試験の配点は、6科目につき各7点で、合計42点となっている。コア科目と合わせて、満点は45点である。

14

DPの教授言語は、グループ1の「言語と文学」を除き、以前は基本的に英語・フランス語・スペイン語の3言語のいずれかであったが、IBOと文科省の協力により2016年よりDPの科目の一部を日本語でも指導することが可能になった。その結果、IBの最終試験も日本語での受験が可能になったわけである。これはDual language DP with English and Japanese（以下、日本語DP）と呼ばれており、現在、コアの3科目のほかに、歴史、経済、地理、生物、化学、物理、数学、音楽、美術といった科目が対象である。国内のIB認定校46校のうち、日本語DPを実施している学校は8校で、全て1条校である。ただし、日本語DPであっても、6科目のうち2科目は日本語以外の言語で履修することが必要である。教授言語を何語に決めるかは各学校の判断となるが、例えば、日本語DPの実施校の一つ、東京学芸大学附属国際中等教育学校の場合は、6科目のうち、グループ2の「英語」、グループ5の「数学」、グループ6の「美術」の3科目を英語で教えている。

3──「言語Ａ：文学」について

グループ1の「言語と文学」は、「言語Ａ：文学」「言語Ａ：言語と文学」「文学とパフォーマンス」の三つのコースで構成されている。いずれも、「履修する言語を学習言語として使用した経験のある生徒が対象」（『「言語Ａ：文学」指導の手引き』p.7、以下『手引き』）であり、多くの場合、生徒たちの母語で指導することになる。いわば、「国語」教育であり、日本の1条校の場合、教授言語は日本語になる。上記のいずれのコースでも、「高いレベルの言語能力とコミュニケーションスキルに加え、社会的、美的、文化的リテラシーを高めることを通じて、生徒の将来の学問的な営みをサポートする」（『手引き』p. 8）ことが目的である。特に、1条校の場合は、「言語Ａ：文学」をHLで実施することが多いが、このコースでは「文学批評に関わる文学的な技法についての理解を深め、文学作品を独自に批評する力を育成することを重視」（『手引き』p. 8）している。

IBは、母語であれ、外国語であれ、言語教育を非常に重視している。「多様な文化の理解、国際的な視野、グローバルな社会の一員としての意識を育む上で欠かせない批判的思考の発達において、言語が中心的な役割を果たす」

第1章　国際バカロレアとは何か

（『IBプログラムにおける「言語」と「学習」』p. 3、以下『「言語」と「学習」』）と捉えている。その立場は一貫しており、「言語学習は、語学教師のみが携わる独立した領域としてではなく、あらゆる学習に統合されたもの」であり、その結果、「すべての教師が、『言語の教師』となる」（『「言語」と「学習」』p. 12）と明言している。

　なかでも、「言語A」は、IBの「母語の尊重」という方針を具現化した科目である。この立場は、DPだけでなく、その前段階であるMYPでも貫かれている。MYPの言語教育では、「全人的な学習」「多様な文化の理解」「コミュニケーション」（『「言語」と「学習」』p. 23）の三つを基本理念にしている。特にMYPの「言語A」は、DPと同様、「質の高い文学作品の学習」を通じて、「言語における理解力、運用能力、鑑賞力」を高めることを目的にしており、DPのグループ1の「言語と文学」の学習の基礎となる科目である。

　DPの「言語A：文学」では、文学作品を徹底的に読んで批評する。なぜ文学教育を重視するかと言えば、「文学の学習は、人類が日々生きている上で出合う複雑な営みや不安、喜び、恐怖などを象徴的に表す方法を探究するものである」（『手引き』p. 9）とIBは考えているからである。「言語A：文学」で学習するのは日本文学だけではない。高等学校の国語教科書では取り上げられることの少ない翻訳文学についても、等しく重視されている。「言語A：文学」は四つのパートに分かれており、パート1では「翻訳作品」を扱うことになっている。その理由は、「翻訳作品の学習は、文学作品を通じて異なる文化の視点を導入する上で特に重要」（『手引き』p. 9）であると考えられているからである。翻訳文学の学習は、「IBの使命」に示された「多様な文化の理解と尊重の精神」に直結する学習なのである。

　このように、MYPもDPも「言語A」は、言語教育であると同時に、文学教育でもある。一方で、佐藤（2006）が指摘するように、現在の日本の国語教育は「〈文字〉中心主義から〈音声〉中心主義へ」と転換し、「文学作品の『読解』を重視する方針をあらため、国語科を『言語の教育としての立場』として位置付け」ている。石原（2009）も、小学校国語についてではあるが、「現在の国語教科書は読解以外の教材の比重が高くなってきている」と述べている。そうした日本の国語教育の状況からすると、文学教育を重視するIB教育は時代

16

に逆行するものと感じられるかもしれない。しかし、繰り返しになるが、文学教育といっても、IBの「言語A」は、単なる「読解」が目的ではない。そこで求められているのは、高度な「文学批評」の能力である。例えば、DPの「言語A：文学」の最終試験の問題1（▶資料編⑦参照）では、生徒にとっては未習の作品を解釈し批評する課題が2問出題され、1問を選択し、2時間をかけて「論評」と呼ばれる小論文形式の作品解釈（クロース・リーディング）を執筆する。いわば、2年間のDPの学びの集大成のような課題で、「生徒は、内容、技法、スタイル（文体）、テーマ、言葉遣いなどの側面を詳しく探究する必要があり」（『手引き』p. 54）、同時に解釈の裏づけや論旨の一貫性も要求される。ここで求められる能力には、日本の国語教育が目指しているものと同質のものがあるといえよう。

　また、大迫（2013）は、「これからは英語が不得手でも、日本語で「文学」を専門的に学んできた方や国語教育において優れた実績を持った方などが、そこに加わっていくことにより、IBの日本語教育は、必ず前進していくはずです」と述べている。その言葉通り、今、言語と文学の教育を重視するIB教育の分野では国語教師の積極的な参画が求められている。「言語A」のための作品選びに始まり、教材づくり、授業実践など、これまでの国語教育界の研究の蓄積は、IB教育においても大いに活かされるはずである。

（半田淳子）

【参考文献】
石原千秋（2009）『国語教科書の中の「日本」』ちくま新書
大迫弘和（2013）『国際バカロレア入門―融合による教育のイノベーション』学芸みらい社
佐藤泉（2006）『国語教科書の戦後史』勁草書房
星野あゆみ（2016）「インナーナショナル・バカロレア（IB）教育とIB入試」FD研修会、東京学芸大学、2016年10月13日

第1章 国際バカロレアとは何か

② プログラムの「学習」と「指導」

▌キーワード▌ 学習の方法・スキルと能力・指導の方法・
探究に基づく指導・概念理解・DP・MYP・言語A

1──「学習の方法」と「指導の方法」とは

　本稿のねらいは、国際バカロレア(IB)教育のディプロマ・プログラム(DP)における「学習」と「指導」の概要と、「言語A」との関わりを解説することである。IBプログラムには、生徒が生涯にわたって学び続けることをねらいとする「学習の方法(approaches to learning)」と、ファシリテーターとして生徒を導く教師を支援するための「指導の方法(approaches to teaching)」があり、教師は両者に基づいて授業を行う必要がある。また、「言語A:文学」の指導に当たっては、国際バカロレア機構(IBO)が発行する『「言語A:文学」指導の手引き』や『「言語A:文学」教師用参考資料』も併せて読む必要がある。

　IBの教育は国際的な視野をもつ人間の育成を目指し、学習者を中心に置き、グローバルな視野に立つ意味のある学習内容を探究するものである。「学習の方法」と「指導の方法」は、教師と生徒に、このIBの教育理念を支えるストラテジーやスキルや態度を示し、理論に基づく実践の方法を示している。この教育方法は構成主義に基づいている。構成主義とは、認知に関する理論で、「知識は受動的に学習されるものではなく能動的に築くものであるとされ、理解やパフォーマンスを向上させるためには、学習者がすでにもっている概念に関連づけ、働きかけることが重要である」(『一貫した国際教育に向けて』p.13)と考えられている。つまり「IBの学習者像」(▶ p.12参照)の「探究する人」のことである。

　IBOは、「IBの使命」において、生徒に「積極的に、そして共感する心をもって生涯にわたって学び続ける」ことを推奨し、それを「IBの学習者像」として具現化している。そのために習得すべき「スキル」とそのスキルを使う「能力」

を示し、学習の質を高め、DPの最終試験の準備をすると同時に、将来の学びの基礎作りをする「学習の方法」を示している。

　一方、教師には、「指導の方法」として、「学習内容を教えるだけでなく、学習者を導く存在としての教師のあり方」を示し、ファシリテーターとして、批判的および創造的思考を育成する探究学習のストラテジーの立て方を示すとともに、各教科のねらいと知識を関連づけ、同時並行的に授業を行うことを推奨している（『言語A:文学 指導の手引き』p.4）。ただ、目標に向かう段階と実践可能な方法を具体的に示していながらも、各国の教育事情や学校の状況に応じた様々な指導の方法で授業ができるように、教師にかなりの自由度と責任が与えられていることもIBの大きな特徴である。

2──学習の方法（アプローチ）

　IBにおいて、高校を卒業するまでに生徒が習得すべき「スキル」は、「IBの学習者像」に見られる特質と密接に関連しており、認知スキル、情意スキル、メタ認知スキルが挙げられる。「認知スキル」は、情報処理や思考のスキルで、効果的に学習するために必要な基本的なスキルである。「情意スキル」は、行動と感情をコントロールできるスキルで、目標に向かって忍耐強く学習を続ける動機や態度の基礎となる。「メタ認知スキル」は、生徒が学習スキルと学習プロセスの有効性を確認し、自らの学習をより深く理解し、それを評価できるスキルである。

　IBでは、「スキル」と「能力」を明確に区別し、「どのようなスキルであれ、それを使う能力は、テクニックや方法、フィードバックや課題を計画的かつ慎重に用いることによって高めることができ」るとし、スキルは「教えることができるもの」である（『ディプロマプログラムにおける「指導」と「学習」』p.5、以下『「指導」と「学習」』）と捉えている。そして、上記の三つのスキルを、「学習の方法」では、思考スキル・コミュニケーションスキル・社会性スキル・自己管理スキル・リサーチスキルの五つに分類している。IBでは、このようなスキルを各教科の中で身につけていくことが求められている。そして、それは「言語A」でも同様である。以下、「学習の方法」の分類にそって、このスキルの概要と「IBの学習者像」及びDPの学びや「言語A」との関わりを紹介

第1章　国際バカロレアとは何か

する。

(1)思考スキル

　思考スキルは、批判的思考や創造的思考を育成するIBの探究学習におい
て重要なスキルで、メタ認知、振り返り、批判的思考などを指している。

　「メタ認知」とは、「振り返りを行う思考や態度、そして学習をモニタリング
し、コントロールするのに用いられる能力」（『一貫した国際教育に向けて』
p.15）を意味している。「メタ認知」を育成することによって、生徒は学習ス
キルの基本情報を処理する方法、パターンを見つける方法、概念的な理解を
構築する方法、および主要な事実や考え方を記憶する方法をより意識するよ
うになる。そして、生徒がより効果的な学習方法を試み、その結果を自分で
評価することによって、生徒は「学び方を学ぶ」ことができるようになる。
（『「指導」と「学習」』p.5）

　「振り返り」は、学習のすべての段階（学習の前・中・後）に計画的に行い、
その際、振り返りの役割を生徒が明確に理解しているとより深く考えること
につながり、学習効果を上げることができる。「言語A：文学」の外部評価（▶
資料編③参照）における「記述課題」の第2段階「振り返りの記述」では、「対話
形式の口述活動」の終了後すぐに、短時間の記述演習で、「対話形式の口述活
動」を通じて、作品の文化的および文脈的な要素に対する理解がどのように
発展したかを書くことになっている。その他にも、DPの「コア」科目におい
て、「知の理論（TOK）」では認知的な振り返り、「課題論文（EE）」ではプロセス
の振り返り、「創造性・活動・奉仕（CAS）」では情意的な振り返りに重点を置
いている。

　「振り返りができる人」が「IBの学習者像」であるのと同様、「考える人」もIB
が目指す学習者像である。「考える人」になるためには、「批判的かつ創造的に
考えるスキルを使う」（『一貫した国際教育に向けて』p.17）必要がある。DP
では単なる内容の記憶ではなく、高次の思考スキル（分析、統合、評価、創造）
の育成を目指し、概念に基づく学習を重視している。例えば、「言語A：文学」
の試験問題1では、初見の課題文を分析し、様々な視点や概念から評価する
という高次の思考スキルを、試験問題2では、ある特定のジャンルに見られ
る文学的表現技法について、少なくとも二つの作品の要素を組み合わせ、比

20

② プログラムの「学習」と「指導」

較対照しながら観念的な結論を導き出すという「批判的思考」スキルが求められている（▶**資料編⑦参照**）。

(2) コミュニケーションスキル

IBではすべての教科で、与えられた課題に対して、生徒がどのように考えるか、どのように考えを展開しているか、その考え方は論理的でかつ一貫性があるか、説得力があるかという点が重視されている。このようなことを表現し、伝えるためのコミュニケーションスキルは、非常に重要なものである。

「言語Ａ：文学」においても、口頭および記述によるコミュニケーションスキルの育成は重要な目標の一つである。特に重視されるのは、文学的な技法の分析である。授業や最終試験では、生徒は言語、構成、技法、スタイル（文体）を分析する能力を示すことが求められ、使用されている技法について単に説明するだけでなく、それが正確には何を意味するのかを解釈する。つまり、さまざまなメッセージと多様なジャンルに適した方法で書かれた作品を読み、それを理解し、作者がどのような工夫をして読者に主題を効果的に伝えているか分析するのである。生徒が効果的な「コミュニケーションができる人」（「IBの学習像」）になるためには、まず作者が使っているコミュニケーションスキルを認識しなければならないのである。

DPの「コア」科目では、多くの異なる方法でコミュニケーションを取ることも求められる。TOKでは、論文と口頭によるプレゼンテーションの両方に取り組み、明確で一貫性のある議論を組み立てなければならない。EEでは、草稿から構成までの「書くプロセス」を管理するスキルが求められる。CASでは、地域社会のメンバーとの交流や奉仕活動において、コミュニケーションを効果的に取ることが肝要である。このように、コミュニケーションはアイデアや情報の交換を伴う双方向的なプロセスであり、次の社会性スキルとも強い関連性がある。さまざまなメディアを利用して多様な受け手とコミュニケーションできることは「IBの使命」の実現に必要不可欠なスキルである。

(3) 社会性スキル

社会性スキルの中で特に重要なスキルは「協働」である。ヴィゴツキーの「発達の最近接領域」でも知られるように、それまで一人ではできなかったこと

21

も、協働学習を通し補助を受けてできるようになり、方法や要領を得た後は、「できそうなこと」から「できる」ことに変わるのである。協働学習はグループでの活発な意見交換やディスカッションや議論などを通じて、他者のものの見方や考えを積極的に聞き、異なる観点に触れる機会を与える。これは批判的思考を促し高次の思考レベルに達し、脳を活性化し、より長い間情報を記憶することにもつながる。また、協働的な振り返りをすることで、独創的な発想や問題解決というタスクにおいても、よりよい成果を出すことができる。

先に「思考スキル」における「振り返り」の例として挙げた「言語A:文学」の記述課題は、社会性スキルの活用の例にもなる。第1段階で、まず数人のグループを作り「対話形式の口述活動」をし、それぞれが作品の異なる側面を提示した後、クラス全体でディスカッションをする。第2段階では、この「対話形式の口述活動」を通じて、作品の文化的および文脈的な考察に対する自分自身の理解がどのように発展したかの「振り返りの記述」を書く。この協働学習により、生徒は作品のもつ文学的要素についてより深く考えるようになり、それぞれトピックをさらに展開させることができ、第3段階の「教師の監督下での記述活動」と第4段階の小論文の作成へとつなげていくのである。

(4) 自己管理スキル

自己管理スキルの一つ目は「管理・調整スキル」で、時間および作業を効果的に管理したり、目標を設定したりすることである。情報のファイルやノートを整理し、論理的かつ効率的なシステムを維持することはDPでの成功に必要なスキルである。すべての科目で多くの課題が出るIBの自己管理学習または自己主導学習において、時間を上手に管理できることは特に重要だ。DPの教師は、生徒に不要なストレスを与えないように、学年を通じて課題、テスト、内部評価の日程を調整することで、生徒をサポートすると同時に、生徒に管理・調整スキルを指導することが大切である。

二つ目は「情意スキル」で、DPの生徒が学習上の課題に対処するのに必要な自己動機づけ、立ち直る力、瞑想などの心理的なテクニックを実践するマインドフルネス (mindfulness) などである。他のスキルと同様、情意スキルは教えることが可能で、例として、リラックスするための訓練などは脳の機能の向上につながり、記憶力を伸ばし、試験への不安感を軽減し、成功する

② プログラムの「学習」と「指導」

ために効果的だとする報告がある。これは「IBの学習者像」の「バランスのとれた人」の実践である。また、最適な学習の条件として、易しすぎたり難しすぎたりする目標ではなく、IBの「挑戦する人」を目指して、チャレンジに満ちていながらも達成可能な目標を設定することも大切である。しかし、どのような挑戦にも失敗や挫折の可能性は伴う。「言語A:文学」においても、グループワークやディスカッションで、他者と異なる独自の解釈や考えを発表することにはリスクが伴う。教師には、生徒が自信をもって探究し、自分の考えを試したり、他人の考えに挑戦したりできるように、誰もが参加できる、肯定的で安心できるクラスを提供することが期待されている。

　教師は単元の初めに学習目標や評価規準を明確に示し、その目標に向かう過程において、体系的な形成的評価をすることが大切である。生徒は与えられた課題に対して計画やストラテジーを立て、それに従って実行する。そして、その結果から実行の過程を反省し、次の段階への課題を見つけ出し、より高い目標を設定していく。このような方法で、生徒は立ち直る力をもつ学習者になるためのスキルを身につけていく。

　さらに、教師は、生徒の課題へのアプローチについて適時にフィードバックすることが必要である。効果的なフィードバックは、生徒が体系的かつ分析的な記述を行うことをサポートする。他にも、大きな課題は細かい段階に分けて取り組むように指導したり、モデル化して見せたりすることは効果的である。生徒自身がトピックを選択し準備する個人口述プレゼンテーションや課題論文（EE）においても、このようなサポートが生徒の自立を促し、自らの学びを管理し、学びに対する挑戦を面白くし、内発的な学習意欲を引き出すのである。

(5) リサーチスキル

　数多くの多様な情報源から、さまざまなものの見方を探し求める「リサーチスキル」の習得は、探究を基盤とした指導の中心に置かれ、「言語A:文学」においても重要である。文学の学習では、生徒は作者自身の創造性の表現として、同時に、その作品のジャンルや時代を象徴する作品としての両面から文学作品へアプローチすることが求められている。また、文学に表現された文化的な価値観と、作品における文脈の重要性を理解することも求められて

いる（『言語 A：教師用参考資料』p.5,6）。登場人物の行動を分析する時は、生徒自身が属する時代や文化によって判断すべきではなく、作品が書かれた時代や文化、および作品内部の時代設定や文化的背景をリサーチする必要がある。なぜなら、作品のテーマとなっている社会的、文化的、政治的な課題などと、作者の意識や態度、表現の仕方は互いに大きく影響し合っているからである。生徒には、作品の地理的、歴史的、民族的側面など文脈の特徴や影響について調べる機会を与えなければならない。その際、正確な引用の仕方や出典表記を促し、学問的誠実性についても認識させるべきである。

　探究を基盤とした自己主導型学習には、インターネットによるリサーチが伴う。インターネットは、現代社会において最も重要な情報源に急速になりつつあり、生徒にとってもインターネットスキルの習得は必要である。また、情報リテラシーとメディアリテラシーのスキルの習得も不可欠である。EEでは、自分自身で選択したトピックに関する研究に自立的に取り組み、優れたリサーチスキルと論文執筆能力を示さなければならない。生徒は、指導教員のサポートとアドバイスを受けながら、情報源の見極め方など情報リテラシー能力を向上させつつ、課題に取り組むのである。

　以上、「学習の方法^{アプローチ}」は個々のスキルが独立して存在しているのではなく、他のスキルと密接に関連していることを念頭に置いておくことが大切である。また、「学習の方法」の指導にはさまざまなアプローチがあり、生徒の状況とニーズを最もよく理解している現場の教師や学校がどのような方法を取るかを決めるべきである。

3──指導の方法^{アプローチ}

　繰り返しになるが、IBでは生徒が主体的・能動的に概念や知識を学び取る構成主義的なアプローチをとり、学習の関連性と同時並行性が重要であることが強調されている。教師は知識の伝達者というよりも、むしろ、生徒の学習のサポーター、ファシリテーターとして捉えられている。そのような指導のために、次の六つの方法が提示されている。(1)探究を基盤とした指導、(2)概念理解に重点を置いた指導、(3)地域的な文脈とグローバルな文脈にお

いて展開される指導、(4)効果的なチームワークと協働を重視する指導、(5)すべての学習者のニーズを満たすために差別化した指導、(6)評価(形成的評価および総括的評価)を取り入れた指導、である。この中で特に重要な(1)と(2)に関して、以下に詳しく述べていきたい。

(1)探究を基盤とした指導

探究を基盤としたIBの指導と学習では、生徒が教室における学習活動に積極的に参加し、自ら情報を見つけて理解し、探究・行動・振り返りというプロセスを繰り返すことによって、その理解をより深めていく。

探究に基づくアプローチとしてよく知られている「体験的な学習」は、経験から学ぶことで、具体的な経験、内省的な観察、抽象的な概念化、能動的な試みという四つの段階を踏む。生徒にとって経験が何か新しいものであるとき、挑戦と行動があるとき、また振り返りが段階的に全体を通して行われるとき、このアプローチは最も効果的な学習になると考えられている。

また、「問題に基づく学習」もよく知られている方法の一つである。問題に基づく学習では、生徒はそのままの形で提示された実社会の問題を分析し、それに対する解決策を提案する。このアプローチの利点は、情報処理、スキルの運用能力、そして、問題解決スキル、推論する力、チームワークスキル、メタ認知スキルなどの様々なスキルを同時に上達させることができることだ。生徒中心の授業において、チームやグループで協働作業をし、問題解決のプロセスに取り組む。生徒が自主的に能動的に参加する「アクティブ・ラーニング」は、非常に効果的な方法である。「言語A:文学」におけるアクティブ・ラーニングの方法としては、ディスカッション、ディベート、ロールプレイ、読書、記述活動、口述プレゼンテーションなどがあり、多様な活動を通して、批判的思考および創造的思考スキルを養う機会を設けることができる。

探究に基づく学習における教師の役割は、生徒の理解を探究のための問いに変え、生徒自身に再び考えさせることである。事実に関する問い、概念に関する問い、議論の余地のある問いなど、さまざまな種類の問いが考えられるが、それらは小論文のトピックやディスカッションにつながるような、生徒にとってわかりやすく、かつ探究を促す問いでなければならない。『「言語A:文学」教師用参考資料』(p.8)の中には、探究のための問いとして参考にな

るものがある。以下はその例である。

・作品のスタイル（文体）は内容と調和しているか。
・作者は大衆の偏見に働きかけているか。あるいは偏見を再確認しているか。
・作者は、読者のさらなる理解をもたらしたり、読者が確立された考えを再考したりするように仕向けているか。

　さらに、教師の役割として重要なことは、作品について論理的な考察を行うプロセスに必要な「足場づくり（スキャフォールディング）」を提供することである。それによって、探究の焦点を絞り、生徒にさらなる探究を促すことにつながる。このように効果的な探究に取り組む中で、生徒はリサーチ、協働学習、コミュニケーション、思考、自己管理の各スキルも身につけていくのである。

（2）概念理解に重点を置いた指導

　IBでは、物事の背後にある抽象的な「概念」を捉えることが重視されている。その基盤となるのは、概念、内容、スキルの相互関係で、次のように定義されている。

　概念とは、教科内と教科間に両方において関連性をもつ、幅広く、有力で、体系化を可能にする考えです。概念の探究は、生徒が複雑な考えに取り組む能力を構築するのに役立ち、トピックの背後にある「大きな概念」について議論することで、生徒は、特定の単元や選択項目を学んでいる理由の核心に迫ることができます。また、概念を通じた指導と、生徒を高次の思考へと導くことの間には、強い関連性があります。例えば、生徒は具体的な思考から抽象的な思考へと移行し、学習を新しい文脈に適用することができるようになります。（『「指導」と「学習」』p.27）

　一見無関係に見える個々の事象をつなぐ概念の理解は、IBプログラムにおいて非常に重要であり、特にDPの前段階としての「中等教育プログラム」（MYP）では、概念の具体的な導入がなされている（『「言語Ａ：言語と文学」指導の手引き』、▶第3章を読むまえに、第3章④参照）。ここで簡単に紹介

すると、まず、MYP全教科には16の「重要概念」があり、その中でMYPの科目「言語A:言語と文学」に関係のある重要概念は、コミュニケーション、つながり、創造性、ものの見方の四つである。その他の12の重要概念は、美的感性、形式、変化、グローバルな関わり、関係性、文化、アイデンティティー、体系、共同体、発展、論理、時間・場所・空間である。さらに掘り下げた学習を促すために、教科ごとに「関連概念」が設けられており、MYPの「言語A:言語と文学」には12の「関連概念」が示されている。受け手の受容、テクスト間の関連性、設定、登場人物、視点、構成、文脈、目的、スタイル（文体）、ジャンル、自己表現、テーマである。こうした「関連概念」を探究することで、生徒はより複雑で高度な概念を理解できるようになる。

　また、これらの概念は、分析・構成・創作・言語の使用の四つの評価規準とも密接につながっている。MYPの修了時点において、分析の規準では、次の側面を習得していることが求められる。第一に、テクストの内容、文脈、言語、構造、技法、スタイル（文体）と、複数のテクスト間の関係性を分析すること、第二に、作者の選択が受け手に与える効果を分析すること、第三に、例、説明、用語を用いて、意見や考えの理由を述べること、第四に、ジャンルやテクスト内、または複数のジャンルやテクストにわたって特徴を関連づけることで、類似点と相違点を評価することである。

　こうしたMYPの学びは、DPの概念理解の基礎になるものである。DPに関しては、『「言語A:文学」指導の手引き』に概念が定義されているが、重要なことなので以下に引用しておきたい。

　「言語A：文学」では、文学を私たちが世界についてもっている概念や解釈、そして経験に関わるものとして捉えています。したがって、文学の学習は、人類が日々生きている上で出合う複雑な営みや不安、喜び、恐怖などを象徴的に表す方法を探究するものであると考えています。文学は、人類の創造的活動の中でも、長い歴史をもつ分野の1つです。「言語A：文学」では、文学の探究を通じて、自立的に考え、独自性に富んだ、批判的かつ明晰な思考の発達を促します。また、文学作品の理解と解釈では、想像力への敬意を育み、知覚的アプローチに取り組みます。(p.9)

第1章　国際バカロレアとは何か

　DPの「言語A」で特に重視しているのは、文学批評に使用される技法についての理解や文学作品を独自に批評する力、自分の考えを裏づけながら構成する能力である。さらに、DPの中核となる「概念」と「能力」について、求められているスキルは、①文学作品についての知識と理解・解釈、②文学的な技法（言語・構成・スタイル）を分析する能力、③作品の文脈・スタイル（文体）・構成・テーマなどを比較対照する作品間の関係性、④作品に表現された文化的価値観と文脈の重要性の理解力、⑤文章の構成・プレゼンテーション・言語スキル、⑥主張や意見を裏づける根拠をもつ説得力である。

　このような概念に重点を置く指導にあたり、教師は、初期段階から、生徒が統合的かつ実践的な方法で、文学に対する批判的言説の言語を習得するように指導する。また、文学的な表現技法や文化理解という側面において、生徒に多様な種類のテクストを提示し、探究できるようにする。そして、単なるテクストの「解読」でなく、より幅広く人間性豊かに解釈し、芸術形式の一つとしての言語を鑑賞することを促すことが効果的である。

　さらに、指導計画を立てる際には、最初に、必ず中心となる重要な「概念」や「スキル」を特定しなければならない。これはウィンギンズ（G. Wiggins）とマクタイ（J. McTighe）が提唱する「逆向き設計」に基づいた考え方である。「逆向き設計」では、まず重要な「概念」や「理解」に焦点をあて、求められる結果からカリキュラムをデザインする。重要な「概念」とは、個別の事実や教科の枠を超えて、生徒がIBの学習を終えた後ももち続けてほしい「永続的理解」の対象である。「IBの使命」にある「積極的に、そして共感する心をもって生涯にわたって学び続ける」姿勢にもつながっている。

　生徒にとっては、この概念理解を、先述の「(1) 探究を基盤とした指導」を通して習得することにより、「移行」、つまり応用が可能になるのである。IB教育における移行とは、ある文脈で学んだことを、新しくなじみのない、または独立した文脈に効果的に適用することを意味している（『「指導」と「学習」』p.45）。「移行」が可能になるからこそ、先に紹介した「言語A:文学」の試験問題1の文学論評で、初見の散文と詩歌の抜粋の論評を書くことができるのである。

4──まとめ

　IBの指導において、教師の役割はまとめ役に近く、生徒はより探究的な性質をもつようになる。生徒自身が「IBの学習者像」を体現し、生徒の学習成果物にも「IBの学習者像」が反映されるよう促していく。従来の情報伝達式の指導に満足しているか、またはそれに慣れている生徒は、何を学ぶべきかを指示されるのでなく、自分のために学ぶことが求められるIBの教室のあり方に、最初のうちは適応するのを難しく感じるかもしれない。教師にとっても自身の裁量で判断し、工夫しながら授業実践をできることには大いに興味をそそられるかもしれないが、IBの理想と目標を実現させるためには、周到な計画と準備を継続して行う努力が必要である。教師もまた、「生涯にわたって学び続ける」存在でなくてはならない。IBプログラムの実践は、決して平坦な道のりではない。しかし、これらの「指導の方法」と「学習の方法」によるプロセス重視の「スキル」に基づく指導の実践は、教師と生徒の両方にとって魅力的なものになると言える。それは、IBの目指す教育が、単に学力を重視するだけではなく、知的に物事を考え、実際に社会に貢献する力を養うものだからである。

（内藤満地子）

第1章 国際バカロレアとは何か

③ 「知の理論（TOK）」と「言語A」

▌キーワード▌ TOK・核となる学び・教科横断的な学び・開かれた問い・本質的な問い・DP・言語A

1──学びの核となる教科の必要性

　日本の学校教育の中で、核となる教科は何かと問われたときに、どのような教科名が挙げられるだろうか。あくまでも一つの考え方に過ぎないが、初等中等教育の現場において、その学びの核となる活動としては教科横断的な学びの特徴をもつ「総合的な学習の時間」が挙げられることだろう。次期学習指導要領の答申などにおいても、教科間の学びのつながりを重視していくことの必要性が指摘されている。なぜ教科間の学びが重視されているかと問われれば、社会における様々な課題と対峙するにあたっては、一つの学問領域の視点にとどまらず多岐にわたる熟考されたアプローチが求められてくるからである。一方で、実際の教育現場において、「総合的な学習の時間」が有意義な教科連携の場となっているかについては、疑問も残る。なぜなら、総合的な学習の時間が、そのねらいとは別に他の特別活動の延長として取り組まれている実態が覗えるからだ。このような実状を踏まえた上でも、あらためて教科横断的な学習の取り組みを通じて、包括的な深い学びのプロセスを築いていくための核となる学びの必要性が指摘できる。

　その先行的な事例が国際バカロレア（IB）の「知の理論（TOK：Theory of Knowledge）」である。本章では、国際バカロレアのTOKの学びの概要を踏まえた上で、「言語A：文学」における学びにおいてどのようにTOKが有効であるのかについて論じていくこととする。

2──DPにおけるTOKの役割

　はじめに、TOKがIBのカリキュラムの中でどのような位置づけとされて

30

いるのかを述べていく。TOKは国際バカロレアのディプロマ・プログラム（DP）のコア科目（必修科目）の一つである。授業時間数としては、2年間で最低100時間の授業時間が求められている。また、最終的なIBとしての評価においては、教師による内部評価におけるTOKプレゼンテーション、ならびに試験官による外部評価としてのTOK論述課題がある。

　また、他のコア科目としては、「創造性・活動・奉仕（CAS）」、「課題論文（EE）」の二つがある。実際には、TOKで身につけた批判的思考の型が、教科横断的な学びへと応用され、さらにCAS活動などの機会を通じて知識の活用を図ることで、様々な領域における新たな知識の生成へとつながっていくことが期待されている。また、EEでの学際的な研究論述において、現代的でグローバルな問題や研究課題に向き合う上では、特定の研究領域に固執するのではなく、複数の学問領域を俯瞰的に眺める力をTOKが与えてくれることになる。このようなサイクルの中で、それぞれのコア科目での学びが相互に補完しながら、IBの個々の教科の学びの軸となっているのである。

　ちなみに、TOKを受け持つ教科の教師は、どの専門分野でも構わないが、複数の教科横断の視野を見通せることが重要な資質となる。TOKという教科は、これまでの知識を生徒が多面的に捉え直す視野を養うことで、各教科における学びをさらに深めていくねらいがある。

　また、TOKでは批判的思考力を育むことに主眼を置いている。授業の中では、特定の専門教科における知識について学ぶのではなく、「知識」や「物事を知る」ということは、どのようなことであるかを多角的に検証することが求められている。最終的には、知識そのものを探究していく中で、これまでの自身のものの見方や考え方を異なる視点から捉え直し、より高次なレベルにおいて物事の本質に迫ることを目標に置いている。

3——TOKにおける理論とは何か

　従来の学校教育においては、ある分野における学問の発達の歴史が系統立てられて書かれた教科書などを主たる教材として用い、その内容を理解することを目的に教室での学びが展開されることが多かっただろう。一方、TOKの授業では、どういった学びが展開されるのであろうか。TOKの「K」

第1章　国際バカロレアとは何か

とは Knowledge、すなわち「知識」のことである。では、TOKの頭文字「T」である「Theory」とは何を意味するのか。日本語の訳語では「理論」とされていることから、TOKでは何か理論立てられたことを学ぶと捉える読者がいるかもしれない。しかし、ここでいう「理論」とはいわゆる体系的な知識のことではない。TOKにおける「理論」とはギリシャ語に由来している。ギリシャ語の「Theory」には「様々なものの見方や考え方」という意味がある。つまり、物事の多面的な側面を捉えながら、知識の本質に迫っていくことが TOKの核心部分となる。実際の授業においては、私たちが何かを「知っている」と主張することについて、どうしてそのような認識に至るのかという本質的な疑問を検証することが具体的な学習活動になってくる。そのため、TOKの授業は、従来の既存の学問体系に基づくものではなく、むしろ既存の学問における知識に対する認識を深く見つめ直すところに学びのねらいがある。

　以上のような TOKのねらいをもとに授業を展開するにあたっては、特定の市販テキストに基づく学習や指導に縛られる必要はない。もちろん、TOKに関する市販の書籍は多く活用されているが、それは日本の検定教科書のようなものではなく、あくまでも補助教材として用いられている。実際の授業においては、教師は生徒の実態を踏まえた上で、知識の本質に迫る問いを導き出し、探究へのアプローチにおいて必要と思われる学習素材を自由に選択し活用することができる。

4──TOKにおける学びの枠組み

　TOKの知識の検証においては、図1に示すように、「知識に関する主張」「知識に関する問い」「実社会の状況」「知識の枠組み」「知識の領域」「知るための方法」「個人的な知識」「共有された知識」を分析の下地に据えて、多面的に知識の構築に関する問いを生成し、探究を試みる。学習者は「知識に関する主張」を分析していく中で、「知識に関する問い」を生成・探究していくことが求められる。ちなみに「知識に関する主張」とは、「私（たち）は〇〇のこと／△△のやり方を知っている」といった主張のことであり、実際にある事実や物事の命題に相当する。数学であれば、「素数は無限に存在する」といった考えも「知識に関する主張」にあたる。そして、「知識に関する主張」をさらに多様な視点

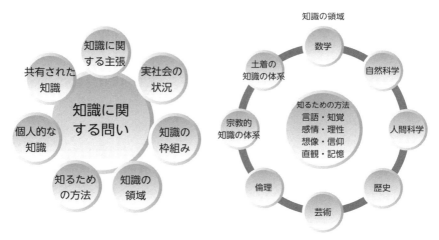

図1: TOKの重要キーワード　　図2:「知るための方法」と「知識の領域」

で検証していく中で、学習者はより物事の本質に迫るような「知識に関する問い」の生成を試みる。「知識に関する問い」として重要な点は、その問いが知識の性質について問われているものであり、同時に問いに対する見解が多様に導きだされる要素を有しているということである。つまり、開かれた問いであることが鍵となってくる。先ほどの数学の例で説明すると、「素数は無限に存在する」という主張を成り立たせていると考えられる「素数」そのものの存在の真偽に注目することで、「数学は発明されたのか、あるいは発見されたのか」という物事の本質に迫る「知識に関する問い」の生成に導くことができる。さらに、物事が発明されたのか、それとも発見されたのかという問いについては、数学以外の「実社会の状況」を比較ならびに検証するきっかけにもつながる。

「実社会の状況」においては、図2に示す通り、八つの「知識の領域」について、さらなる開かれた問いの探究が行われる。八つの「知識の領域」とは、「数学」「自然科学」「人間科学」「歴史」「芸術」「倫理」「宗教的知識の体系」「土着の知識の体系」である。また、知識を獲得する上での手段である「知るための方法」が八つ設定されており、知識の獲得においてそれぞれの方法がどのような役割を担っているのかを考えることも重要となる。八つの「知るための方法」

第1章　国際バカロレアとは何か

は、「言語」「知覚」「感情」「理性」「想像」「信仰」「直観」「記憶」であり、これらは
それぞれが独立して働いているのではなく、互いに補完し合いながら機能し
ていると考えられている。

5──「言語Ａ：文学」とTOKの関係

　各教科における探究的な学びの中で、どのように開かれた問いを生成し、
現代的な課題に向き合っていくのかを、TOKを通じて生徒は多様な分析の
アプローチとともに学んでいくことになる。同様に、「言語Ａ：文学」と
TOKの関係について述べれば、まさに「深い問いの形成」が作品解釈の重要
な手掛かりとなってくる。文学作品と向き合う中で形成される自己の思考に
対して、なぜそのような解釈が可能であるのか、あるいは他の異なる解釈は
あり得るのか、またそれらが学習者自身の文化的認識による影響を受けてい
ないのか、などを検証していくことが求められる。その原動力になるのが、
TOKによって養われる批判的思考力であり、それが文学作品のさらなる深
い探究を導く。IBの『「言語Ａ：文学」指導の手引き』(pp. 12-13、以下『手引
き』) では、文学を学ぶにあたって、TOKに関連した設問が例として挙げら
れている。これらの問いは、あくまでも作品の理解を探究する上での出発点
であり、また一つの解釈を導くことを目的とせず、多様なものの見方や考え
方に生徒を導いていくことをねらいとしたものである。

　ここでは、この『指導の手引き』に示されているTOKに関連したいくつか
の設問を紐解いた上で、どのような視点で文学作品を深く捉え直すことがで
きるのかについて、筆者なりの見解をいくつか提示したい。また、それぞれ
の問いを照らし合わせてみる中で、本質的に密接した設問同士の関係に気づ
くこともあるだろう。ある意味で、全人的な視点で設問同士の関係性を俯瞰
することも重要となってくる。

(1) 文学作品は、解釈により広がりのあるものとなるか。あるいは逆に矮小化されるか。優れた解釈とそうでない解釈を隔てるものは何か。

　まず、上記の問いについて考える上で、「解釈」という言葉を十分に咀嚼す
る必要がある。解釈という言葉は、作品をどのように読み解いていくのかと

34

いうことである。作品のみの解釈にとどまらず、作品と作者の関係、作品が書かれた時代背景などを調べていく中で、作品に対する自身の解釈がより一層深まり、新たな見解が導き出されていくこともある。それは、ある意味で「解釈の広がり」と捉えられる一方で、積み上げられる解釈が、妥当な理解として他者に受け止められるかについては、さらに議論の余地がある。

　TOKでは、知識に対して「個人的な知識」と「共有された知識」という考え方がある。ある生徒にとって、導き出された解釈が、個人の理解にとどまっているのか、あるいは他者と共有され得る理解となるのかを考慮しつつ、学習者同士で作品の解釈の検証を進めることが必要となる。

　例えば、夏目漱石の「こころ」を例に考えてみたい。Kが自殺した理由を先生自身の行動にあると捉えるのか、あるいはK自身の行動にあると捉えるのかを考えるためには、当時の人々の人生観や恋愛観を探っていくことが必要になる。そのような過程を踏んでいけば、ある程度、他の読者にも共有され得るような見解を導くことができるかもしれない。一方で、それによって導き出された自分の解釈が、自己の直観的な認識に合致するとは限らない。仮に、作品の登場人物と似通った恋愛経験をした人は、分析を通じた解釈をするのではなく、自己の経験に基づいた見解を抱くかもしれない。その意味では、個人的な経験（知識）が作品を理解する上で大きな役割を占めているということができるだろう。つまり、客観的な視点に基づいた多角的な分析を経た解釈（共有された知識）を優れたものとするのか、あるいは、自己の経験に基づいた直観的な見解を優れた解釈とするかについては大いに議論の余地があるといえる。

(2) 定義上、事実ではない創作文学であるフィクションの作品はいかにして知識を伝達するか。

　はじめに、「事実でない」ことを私たちはどのように捉えているのかを考えてみたい。例えば、伝説やおとぎ話などは、実際に起こったこととは言い難い。「ユニコーン」や「ペガサス」など伝説上の生き物やアニメのキャラクターである「ドラえもん」や「鉄腕アトム」は、実際に存在するかという点において事実とは捉えがたい。他にも、古典作品であれば昔話として馴染みのある「御

伽草子」をはじめとする作品群も創作作品として捉えることもできるだろう。このように物語自体が現実においては虚構であるということは、読者としても容易に理解できる。

　一方で、作品が現実との関係性をもたないことや物語の内容が虚構であるということによって、作品としての価値が失われるかと問われれば、その考えに異を唱える人もいるだろう。では、知識がもつ虚構性という側面を私たち読者はどのように捉えて評価をしているのだろうか。文学のみならず、歴史の分野においても、ある出来事に対して導き出される見解が事実でないことは十分にあり得るだろう。

(3) 文学の正しい機能とは何か（現実の認識を捉えること、精神を導くこと、または高揚させること、感情を表現すること、美を創造すること、コミュニティーを結びつけること、精神的な力を賛美すること、振り返りを促すこと、または社会の変化を推進することといった面ではどうか）。

　文学の正しい機能を考えるにあたり、まず人々が文学をどのように受け止めているのかをあらためて考えてみたい。TOKでは文学は芸術の範疇の一つとして捉えている。そうであるのならば、芸術自体の正しさが何かを考えることが重要な出発点となってくる。先ほどの問いでも挙げられた「事実でない」という要素も芸術には多くあるといえる。現実と虚構をどのように捉えているのか、感情の揺さぶりや美への賛美がどのような役割を担っているのか、また芸術で表現されたことが現実の社会においてどのような役割を担っているのかといった問いと向き合うことが、文学の正しい機能の要素を探究するきっかけになるだろう。

　例えば、小林多喜二の『蟹工船』という作品を例に挙げたときに、「この作品の正しい機能とは何か」という問いにどのように向き合うことができるだろうか。作品を物語として読むだけではなく、その作品から伝わってくる強いメッセージを感じることができるかもしれない。資本家に酷使される労働者という立場に着目すれば、物語の理解にとどまらず、既存の社会の変革を大きく訴えるような主題が立ち上がってくるかもしれない。それが、現実社会における弱きものの声の代弁者として捉えられるのであれば、物語の虚構性

以上に文学としての役割は大きいといえる。このようなことは、プロレタリア文学の作品でなくとも、文学全般について考えることができるだろう。

(4) 文学に親しみがあること自体は、知識を提供するか。仮にそうだとすれば、どのような種類の知識が得られるのか。事実の知識、作者に関する知識、伝統や形式のしきたり、心理、文化的歴史、または自分自身に関する知識などはどうか。

　この問いを考える上で、まず、文学との出会いを通じて生徒たちがどのように文学に対する親しみを感じてきたのかについて、他者と共有する活動が例として挙げられるだろう。具体的には、新美南吉『ごんぎつね』、太宰治『走れ、メロス』、森鷗外『舞姫』などの定番教材をもとに、それぞれの作品がどのような点において、私たちの知識の生成に役立っているかについて考えてみることができる。また、親しみがあるからといって、どのように作品の主題を受け止めるかは読者によって様々である。物語の展開を希望に満ちたものと捉えるか、あるいは残酷なものと受け止めるかなど、作品から浮かび上がってくる主題は多様性に富んでいる。そこで、作品が内包する価値への検証を試みたい。当然のことながら、作品に対して自己と他者の捉え方が異なる点も見出せるだろう。その際に、なぜ異なる受け止められ方がなされているのかを分析することも重要となる。また、作者と作品の関連性を調べることや、作品に内在する文化や歴史的な側面への理解、受け手である自己の文化的・歴史的認識への気づきについても考察を試みたい。

(5) 作者に注目することで、文学についてどのような知識が得られるか。作者を観察したり、作者の人生に関して知っていることにより、作者の意図と創作プロセスそのものは理解されるか、されるべきであるか。創作プロセスは、それを直接観察することができない場合でも、最終的な作品と同様に重要であるか。作者の意図は、作品を評価する上で関係があるか。芸術作品は、芸術家が気づいていない意味を含んだり、伝えたりすることが可能か。

　作品は、作者とは独立したものとして捉えられるべきなのか、あるいは作

第1章　国際バカロレアとは何か

者の生い立ちや作品が書かれた時代背景との関連で作品に対する解釈が展開されるべきなのか、これまでも文学研究の多くの場面において議論が行われてきている。例えば、遠藤周作の生い立ちを調べ、彼が幼少のころにカトリック信者として洗礼を受けたという事実を知った上で、代表作である『沈黙』を読んだとしたら、物語の受け止め方はどのように変わってくるだろうか。神の存在を問う姿勢と、著者がキリスト教に帰依しているという点から何かしらの関係性を見出すことができるかもしれない。また、作者の意図とは別に、潜在的な作品のテーマを浮き彫りにすることで、解釈における新たな側面や現実社会との関係性について気づくこともあるかもしれない。さらに創作された当時には評価されなかったことが、時代を経た上で評価されることもあり得る。これは、文学にかかわらず、前衛的な芸術や先端的な科学、さらには歴史的な出来事が、一定の時を経て評価され、その価値をあらためて見直されるようなことと似ている。

　その他にも「言語 A」に関する TOK の問いには以下のようなものがある。

・作者、あるいは社会的文脈から切り離し、作品だけに焦点を絞ることで文学に関するどのような知識が得られるか。
・社会的、文化的、歴史的文脈に焦点を絞ることにより、文学についてどのような知識が得られるか。
・文学を学ぶことは、個人の成長、または倫理観の形成においてどれくらい重要であるか。具体的にどのような形で重要であるか。
・文学の学習において、優れた証拠となるのは何か。
・文学の学習を通じて、どのような知識が得られるか。
・1つの言語から別の言語に翻訳される際に失われるものは何か。それはなぜ失われるのか。
・文学は、他の方法では表現できない真実を表現することが可能か。可能であるならば、それらはどのような種類の真実であるか。この形の真実は他の知の領域における真実とどのように異なるのか。

（『手引き』pp. 12-13）

③「知の理論(TOK)」と「言語A」

6——『蟹工船』における学びの事例

　IBの文学の学びの目標の一つに「生徒が言語と文学に対して、生涯にわたって関心および喜びをもつよう促す」という文言が示されている。ここには、文学作品との出会いが単なる一過性のものではなく、生涯にわたって文学への関心を高めてほしいという教育的な願いが込められている。そのためには、作品との出会いを通じて、そこから学びとったことを内在化し、文学そのものの関心から身の回りの問題や自身との課題意識にどのようなつながりを見出せるかが重要な鍵となってくる。「言語A：文学」のTOKに関連した問いの中から、ここでは、前項で詳述しなかった「社会的、文化的、歴史的文脈に焦点を絞ることにより、文学についてどのような知識が得られるか。」という問いに注目したい。

　この問いは、先に示した図2（▶ **p.33参照**）のTOKの「知識の領域」における「芸術」の範疇にある文学にとどまらず、人間科学や歴史の分野からの視点で作品に迫ることを促している。では、社会的、文化的、歴史的という視点を踏まえた上で、あらためて作品を見つめ直した時に、どのような作品の解釈が成り立つだろうか。

　筆者は、上記の問いを念頭に置いた上で、先にも触れた小林多喜二の『蟹工船』を授業で扱ったことがある。その際、従来型の内容理解の設問にとどまるのではなく、開かれた問いに対する作品考察を主眼に置き、論述形式の課題を設定した。授業では、労働者と経営者という視点で作品を読み進めていきながら、設定した下記の課題に取り組み、作品の考察を試みた。

【『蟹工船』論述課題】

　経営者と労働者という視点で本作品を読んだ時に、それぞれの立場がどのように描かれているのかを自分なりに考えて述べなさい。また、現代を生きる私たちがこの作品をはじめとしたプロレタリア文学を読む意義がどこにあるのかについても述べなさい。

　本作品の特徴として、特定の主人公が設定されておらず、経営者側と労働者側の視点を中心に物語が展開されている。また、物語る視点においても特

定の一人の主人公の心情に沿った形で出来事が語られているわけではないために、作品全体の登場人物の視点を統合して作品を分析することが可能になる。つまり、読者としては登場人物との距離を一定に保った上で物語の内容に向き合えることも、「蟹工船」という作品の魅力である。論述課題に取り組むに当たっては、次の三つの点を TOK的な視点から検証することが考えられる。

①作品における「経営者」「労働者」をどのように捉えているのか。

②作品の背景にある社会、文化、歴史をどのように捉えているのか。

③当時の時代背景において、プロレタリア文学をどのような認識をもって捉えているのか。

まず、①の視点で作品を見ることは、「経営者」「労働者」が作品の文脈の中でどのように理解されているのかを考える契機につながる。現在を生きる生徒たちが必ずしも「経営者」「労働者」に対して作品で描かれたイメージと同様の受け止め方をしているとは限らない。「経営者」「労働者」に対する従来の自己の認識と作品で描かれたイメージを比較することは、言葉の本質とは何かを考える契機にもなるだろう。さらに、作品を受け止める「読者」という視点を意識することにもつながり、物事を捉える人物の視点を深く考えるきっかけにもなる。これは、TOKにおける「個人的な知識」と「共有された知識」の検証へとつながってくる。

また、②の視点で作品を捉え直すことで、作品が描かれた当時、作者がどのような課題意識をもっていたかを探ることができ、当時の人々の思想や歴史観を紐解く手立てにもなるだろう。そして異なる時代の異なる価値観に理解を示しながら、どのような歴史の文脈の中で作品が生まれたのかを考える契機にもなる。

さらに、③においては、当時の文脈における作品の意義と、現代において作品を読むことの意義を比較してみながら、文学作品としての価値を再考する良い機会となるだろう。時代や歴史を超えて、文学作品としての価値が今の時代においても評価され得るのかを考えることは、新たな解釈や価値の再発見にもつながる。こうした検証の過程においては、より本質的な問いへと向かう「知識に関する問い」の生成へとつなげることもできる。

以上、「言語A」においては、TOKを通じて養われる思考の素地が、学びの深化の鍵となっていることがわかる。より深い思考に基づいて多角的な作品分析を試みるためにも、開かれた問いや本質的な問いを熟慮することが、IBの文学教育では求められている。

（小澤大心）

【参考文献】
Z会編集部編・訳（2016）『TOK（知の理論）を解読する』Z会
後藤健夫編・大山智子訳（2016）『セオリー・オブ・ナレッジ 世界が認めた「知の理論」』PEARSON
田中実・須貝千里編（2001）『文学の力×教材の力 理論編』教育出版

④ 「創造性・活動・奉仕（CAS）」と文芸創作活動

▎キーワード▎ 文芸創作・CAS・DP・言語A・
俳句・短歌・批評・振り返り・学習者像

1——本稿の構成

　本稿は「創造性・活動・奉仕（CAS：Creativity, Action, Service）」の概要と、「言語A：文学」の授業でのCASにつながる俳句や短歌の文芸創作活動について、実践を交えた指導方法とその振り返りを記している。対象は、主に国際バカロレア（IB）のディプロマプログラム（DP）の生徒であるが、文芸創作指導自体はDPの生徒だけでなく、それ以外の通常のコースに属する生徒にも、現代文の授業を通じてこの10年ほど行ってきた。DPの生徒の場合は、それをさらに追求する領域としてCASが有効であり、通常の生徒の場合は部活動（文芸部など）が考えられる。本稿では、CASのイメージを大きく捉えた後、特にCASの「創造性」につながることを期待した文芸創作指導とその具体的な活動内容について考察する。

2——CASの概要

　CASとは、DPのプログラムモデルの中心に位置する三つの核（コア）の一つであり、その名が示すとおり「創造性・活動・奉仕」の要素で構成されている。DPでは、六つの科目グループであるグループ1「言語と文学」からグループ6「芸術」まで幅広い学習分野を学ぶことができ、その科目グループのコアとして、「知の理論（TOK）」と「課題論文（EE）」、そして「創造性・活動・奉仕（CAS）」が位置している。コアはDPの本質であるとも言え、DPで学ぶすべての生徒において必修とされている。つまり、三つのコアは、六つの科目グループと深く関わり合いながら、学習分野としての性質を異にしているとい

うことに注意する必要があるだろう。

『「創造性・活動・奉仕」（CAS）補足資料』（p.2）によれば、CASはこれまで常にDPの一部であり続けて来た。また、教育者クルト・ハーンは人格形成には認知的発達と共に身体的、社会的活動が必要であると信じており、IBは全人教育の一環として、DPのカリキュラムを通じてIBの全生徒が、何らかの創造的（creative）、美的（aethetic）、または社会奉仕（social service）に関わる活動（CASS）に取り組むことに決めたということである。そして1989年に「創造性・活動・奉仕」のCASとなり、三つの分野が同等な重要性をもつようになった。

CAS『「創造性・活動・奉仕」（CAS）指導の手引き』（p.3、以下『手引き』）では、CASはDPモデルのコアとして、「楽しくかつ有意義な活動を幅広く経験する」と述べられており、CASのプログラムはDPと共に開始、週一回のペースで少なくとも18か月にわたって継続し、「創造性」と「活動」と「奉仕」をバランスよく実践することを推奨している（『手引き』p.11）。また、少なくとも一つのCASプロジェクトに参加する必要があるとしており、他の人と協力し、十分な考慮を重ねて計画した上で段階的に進めていくことを定めている（『手引き』p.30）。

CASの活動は、取り組んだ証拠としてCASポートフォリオに記録をつけ、完成させることになっているが、これは生徒が自身の経験を振り返るためのものであり、点数による評価や成績に反映させるものではないことも重要である。生徒は必要なスキル、特質、理解を習得するための以下に掲げる七つの学びの成果を達成することでCASを修了したことになり、達成を示す証拠を記録して学校に提出する（『手引き』pp.13-14）。

①自分の長所と成長すべき点を認識する

②課題に挑戦し、その過程で新しいスキルを習得している

③自らCASを計画し開始することができる

④CAS活動を継続し、やり遂げる粘り強さを示す

⑤自らのスキルを活かし、また他者と共に活動する意義を認識する

⑥グローバルな課題に取り組む

⑦選択と行動の倫理を認識し、考察する

第1章　国際バカロレアとは何か

　以上の活動にはCASコーディネーターのサポートが不可欠であり、CASコーディネーターは、生徒、スタッフ、CASアドバイザー、CASスーパーバイザーと直接関わり、また生徒のCASの活動状況をDPコーディネーターに報告する責任を負うとしている（『手引き』p.42）。

　『手引き』（pp.10-11）によれば、「創造性」は「アイデアを探求しそれを広げることで、独創性や自分の解釈に基づいた作品やパフォーマンスを創造すること」、「活動」は「健康的なライフスタイルに寄与する身体的な活動を実践すること」、「奉仕」は「コミュニティーの真のニーズに対応するために他者と共に活動を行い、かつ相互扶助の取り組みに従事すること」となっている。CASはこれら三つの要素のいずれか一つ、または複数に関わるものでなければならない。

　『「創造性・活動・奉仕」（CAS）教師用参考資料』（pp.96-127、以下『教師用資料』）を参照すると、具体例として「創造性」では、演劇の脚本を書く、学校のパフォーマンスの振り付けをする、地域の美術コンテストや写真コンテストに参加するなど、「活動」では、サッカーや水泳などスポーツ全般にチャレンジする、登山や農業など自然に触れるなど、「奉仕」では、目の不自由な人たちのためにオーディオブックを録音する、動物保護施設でデータの入力と犬の散歩を手伝うなどを挙げている。俳句や短歌などの文芸創作活動は、主に「創造性」に関わると言えるだろう。

　CASのねらいに則して考えるのであれば、文芸創作などの活動は、「言語A：文学」に付随する創作活動において得られた知識を活用しながら、CASの領域において、さらなる深い知識や新しい発見を獲得し、自己を構築するということになろう。それは、特にコアのねらいにおける「自己認識とアイデンティティーの感覚を養う」（『手引き』p.4）役割を果たすことにつながっているとも言える。

3──実践校と学習者の状況
　筆者の勤務校である、国内で最初にIBの認定を受けた1条校、加藤学園暁秀中学校・高等学校（沼津市）では、日英の両言語による「バイリンガルコース」（本稿では「IBコース」と表記）と日本語による複数のコース（同様に「レギュ

44

ラーコース」と表記)を設置し、付属である加藤学園幼稚園や加藤学園暁秀初等学校で行われているイマージョンプログラムなどの教育内容に対応している。中学校・高等学校のIBコースは、2000年にIBの中等教育プログラム（MYP）、2002年にDPの認可を受け、DPでは国語と保健体育以外の授業の教授言語を英語で展開している。

　筆者は、「生徒の日本語力の強化」、「発想力・着想力をつける訓練」、「生徒自らが身を置く世界について振り返る機会を日常的に作る」ことをねらいとして、「言語Ａ：文学」（国語）の担当授業に付随し、折々に俳句と短歌などの文芸創作活動を導入してきた。当時、筆者が文芸部の顧問だったこともあり、レギュラーコースの生徒だけでなく、IBコースの生徒の多くが文芸部員としてCASを選択し、文芸創作活動や日本語に関わる創造的な活動に積極的に取り組んでいた（この場合、筆者がCASスーパーバイザーの役割であった）。

　IBコースには様々な言語環境に身を置く生徒たちがいるので、毎年、日本語能力について多少の差が見受けられることは事実である。ただ、英語力の高さに比例して日本語力が低いとは限らない。英語力も日本語力も共に高い生徒はたくさんいる。しかし、生徒が通常使用する日本語は生活言語としての実用的な日本語であり、「言語Ａ」の授業においても、その中心が文学批評としてのアカデミックな日本語である傾向は否めない。

　以上の点を踏まえ、「日本語力の強化」というねらいは、自己表現としての日本語を充実させるため、あるいは単純に日本語表現の幅を広げるために、日本語に対する意識を高める必要性を考慮した。また、短詩型文学に親しむ機会にしたいとも考えた。つまり、「言語Ａ」の授業展開が小説・評論・戯曲・詩歌などの教材を使用した文学批評に重点を置かれているからこそ、日本語を基軸とした創造的な活動を組み入れたかったとも言える。

　また、俳句や短歌を創作する際に柱となる「発想力・着想力」を身につける訓練をすることで、多角的で批判的な思考による独創性を重視するIBの教育に有意義に作用すると考えた。日頃より生徒は、「IBの学習者像」（▶ **p.12参照**）の一つである「考える人」を意識し、教科を超えた分析的で批判的な思考活動を行っている。独自の発想力や着想力を身につける訓練をすることは、創造的に考えるスキルにつながるだろう。

さらに、高校生の後半を過ごしている彼らには、卒業後の社会生活を視野に入れた思考と健全なアイデンティティーを構築していく必要がある。自分がどのような世界のどのような場所で、誰と共に、何をして生きているのか。IBの学習者像にも「振り返りができる人」が示されているが、CASでも重視され、度々繰り返される様々な振り返りを通してこの問いを自らに突きつけることは、必然的に客観的な自己認識を促し、高い次元で自分自身を見つめるという認知にもつながる。

「自らが身を置く世界について振り返る機会を日常的に作ること」というねらいは、「文芸創作」という新たな視点から、自らの人生、自らの生活に対し振り返りの機会をもち、自身のアイデンティティーの構築を後押しする役割を果たすと考えた。

4——文芸創作指導

文芸創作指導の主な内容は、生徒に創作の機会を与えること、提出されたものを添削すること、それを含めてフィードバック時に対話によって作者の意図を理解し、生徒が表現したい作品に近づけること、の3点である。

生徒に創作の機会を与えるために、まず、学校に送られてくる膨大な量の文芸創作コンクールの募集書類の中から、特に地元が主催するものを中心に、応募先の候補を選出する。そして、創作用のワークシートを作成して配布、生徒に創作方法の説明をしながら、同世代である高校生のコンクールの入賞作品(先輩の入賞作品や過去の入賞作品集の抜粋など)を読んで簡単に批評し合う。この活動を行うと、俳句や短歌が年齢層の高い一部の日本人の文化であるという生徒の思い込みを崩すきっかけとなりやすい。

「言語A」で古今和歌集や新古今和歌集、松尾芭蕉などを教材として和歌や俳句を取り上げる場合もあると思われるが、文学批評の対象としてのそれらは、教師が相当に距離を縮める工夫をしなければ、生徒の創作活動とは結びつき難い。そのためにも同世代の作品群を紹介し、批評する活動を取り入れると、生徒が短歌や俳句を身近に引き寄せられる点で大いに有効であると言えよう。ここからが生徒の創作の出発と言ってもよいのである。

生徒から提出されたワークシートについては、日常の言葉を突き抜けたも

のや詩を生む片鱗がある言葉、発想力や着想力が評価できる内容についてなどを拾い上げて簡単に前向きな指摘をしていく。ただ、作者と対話をしないと本当に彼らが表現したかったことはわからないので、その点には留意する必要がある。大切なことは、生徒が創作活動を嫌いにならないようにすることだと考えている。

　フィードバックについては、ゆとりのあるときは授業の合間に行うが、それができないときは休み時間に担当教室に足を運び、または個別に呼び出して話をするようにする。対話を重視し、創作の裏にある生徒の話を聞き、作品として成立させるための方向性を共に考えるのである。この段階が作品の骨子を決めると言ってもいいだろう。この方法は、すべての学習者のニーズを満たすために差別化した指導（『ディプロマプログラムにおける「指導」と「学習」』(p.32)）につながると考えている。

　CASや文芸部の活動においては、昼休みや放課後、休日を利用して作品を持ち寄り、無記名の作品を批評し合う会を開くようにした。これは、作品を客観的に捉え、批評という別の視点から創作の力をつけるというねらいがあった。IBの教育において批判的思考力の育成が期待されるように、あらゆる批評の機会は大切にされなければならない。授業においてもそれ以外においても、生徒がIBの学習者像における「考える人」や「心を開く人」、「コミュニケーションができる人」として、自分の考えを自由に発言し、爽やかに議論できると思える信頼の土壌を、教師は常に率先して作るよう努めたい。

　このような機会は、俳句甲子園（愛媛県松山市で1998年より行われている高校生を対象にした俳句コンクール。1チームは5人一組で、質疑応答時間があるのが特徴）や、短歌甲子園（岩手県盛岡市で2006年より行われている高校生を対象とした短歌の全国大会。全国高校生短歌大会。1チームは3人一組）などの大会出場や大きなコンクールへの応募に向けた活動となると、より頻度と熱意が増した。『手引き』(p.10)における「自己決定し、他者と共に活動し、目標を達成し、その達成感を得る機会をもたらします」というCASの本質と一致するように思われる。

　実際に、卒業して何年も経っている今日も、かつて創作活動に打ち込んだ卒業生たちが、コースの出身を問わず、時々行うOB向けの歌会／批評会に

楽しく参加している。これは、創造性の活動が高校時代だけに閉じ込められず、生涯にわたって展開していく一例となっていると考える。IBの学習者像における「探究する人」にも重なるようである。

右ページの表は、俳句や短歌における通常の創作活動の流れを簡単に示したものである。

CASや部活動においては、②と③の間に教師を含めた部員らによる歌会／批評会が入り、それを踏まえて③の添削となることが多かった。その際、生徒が納得する表現を獲得するまで、一人一人と徹底的に一緒に向き合うことを大切にした。教師は様々な考え方の提案をしても、それを押しつけるのではなく、あくまでも最終的に生徒自身が自らの手で表現を獲得するように方向付けなければならない。生徒は教師との対話を通じ、結果的に自己との対話を深めているのである。つまり、俳句や短歌という自己表現を獲得していく生徒たちは皆、最初からそれぞれの胸に確かな芽をもっているのだが、教師がささやかに、時には効果的に、それを伸ばす手伝いをしたにすぎないのである。それは、IBの教育において教師がファシリテーターであることと同様である。

以上においては、文芸創作指導の一例としてその大まかな流れを紹介したが、筆者はこの分野において一定の形式を提示することは極めて困難なことだと考えている。IBの使命が示しているように、一人一人は違いをもった人間であり、当然であるが、それは同時に自己表現も異なっていることを示唆しているからである。一斉に「指導」するという発想でそれを行おうとすれば、どうしても一般論としての限られた深さまでとなってしまう。生徒一人一人の独自性ある表現を引き出していくためには、差別化された指導の下、その一人一人と対話しながら考えていることを理解し、共感しながら向き合う以外には方法が考えつかない。それが、この10年をかけ、IBを学びながら筆者がたどり着いた結果である。しかしその結果もまた、「7─教師の振り返りと展望」で後述するように、きっと教師の数だけあるのだろうと考える。

本稿では、教師の指導の方法という一方向としての側面からだけでなく、IBのプログラムの中心を表す学習者である生徒が何に気づき、何を学んだのか、という生徒からのフィードバックも紹介することで、結果的にファシ

リテーターとしての教師が何を指導し、サポートしたのかということを提示できればと考えている。

▼「俳句・短歌」創作活動の流れ

活動と内容例
①同世代（高校生）の入賞作品集などを紹介し、それについて批評する。 ・なぜ自分がよい作品だと思ったのか。 ・他の作品と何が違うのか、どこが評価されたと考えられるか。 ・印象に残る役割を果たしているものは何か、など。
②実際に創作の機会を与える。（課題としてワークシートを配布） ・短歌と俳句の違いを説明する。 ・身近な単語から単語へ発想を飛ばし、創作世界のアイデアを広げる練習をする。 ・自分の気持ちに近い言葉を、辞書を使って探すように助言する。 ・俳句の季語は親しみやすいものを候補として紹介する。 ・俳句は主観的・感情的な表現をできるだけ使わず、具体的な場面を切り取って表現するように伝える。 ・短歌は身近なテーマを2～3個、提案する。 ・短歌はうまく作ろうとしないで、事実を細かく思い出したり、自分自身の気持ちをさらけ出したりする方が大事というコツを伝える、など。
③提出された作品を添削し、フィードバック時に対話をもつ。 ・詩的／独特な言葉の片鱗を拾い上げる。（日本語力） ・新鮮／斬新な切り口を指摘する。（発想力・着想力） ・作品の意図を対話によって確認する。（振り返り） ・本人の表現したい作品に近づけるような語彙や内容を両面から提案し、対話を重ねて共に考える。（質の向上）
④作品によってコンクールに応募する。 ・校内に入賞者がいた場合は、さらに①の批評を行う。

5──作品紹介

　入賞そのものが文芸創作活動の目的ではないのだが、それは確かに生徒の励みとなり、学校以外の物差しで評価される貴重な機会となる。また、生徒にとって身近な仲間が入賞することは誇りや刺激につながるとも考えられ、その作品がなぜ入賞したのかという新しいステージの批評も展開できる。

　次ページの表は、実際に入賞した過去10年におけるDPの生徒作品の一部をまとめたものである。CASを含めた本校文芸部全体の実績としては、例

第1章　国際バカロレアとは何か

えば、平成21年度の文芸創作のコンクールでは、18種（うち17種が全国公募）
で入賞、延べ40名が受賞しており、短歌甲子園2009では団体戦で全国準優
勝、個人戦でも優良賞を獲得している。

▼生徒入賞作品例

俳句	○初霜が降りてくる頃恋終わる　　高田晃宏 (第3回沼津文学祭俳句DE沼津　沼津俳句大会　沼津文学祭実行委員会賞　平成20年) ○恋人と離れたままの夏祭り　　植松信彦 (第41回沼津市芸術祭文芸部門俳句の部 奨励賞　平成26年) ○夏祭僕の右手が空いてます　　渡邊駿介 (第42回沼津市芸術祭文芸部門俳句の部 奨励賞　平成27年) ○麦藁帽似合う男はあいつだけ　　山田真理子 (第43回沼津市芸術祭文芸部門俳句の部 奨励賞　平成28年) ○かけ違う白いボタンに春惜しむ　　山本亜海 (ふじのくに芸術祭 高校生短歌・俳句コンクール俳句の部 優秀賞　平成29年)
短歌	○雨水が芋の葉の上ころころとサイズ異なるそれぞれの空　　石井銀河 (第8回方代の里なかみち短歌大会ジュニアの部 文部科学大臣賞　平成21年) ○体育祭一瞬のために築き上げた何十時間を想って踊る　　イエリン晴羅 (第41回沼津市芸術祭文芸部門短歌の部 教育長賞　平成26年) ○会う度に大きくなったと言われたり匂いに料理にああ祖母の家　　滝口詩音 (第11回「ふるさとを詠う」短歌コンクール 美浜町教育委員会賞　平成29年)

6──生徒の振り返り

　生徒自身は文芸創作活動についてどのような振り返りをするのだろうか。
2017年3月、在校生にアンケートを実施した。質問は、「この一年の授業や
課題で取り組んだ短歌や俳句などの文芸創作活動について振り返ってくださ
い」というもので、自由記述で答えてもらった。以下は、本活動の「ねらい」
に即して回答の抜粋を整理したものである。

ねらい①：日本語力の強化

・様々な短歌や俳句の作品を創作していくうちに日本語の言葉一つ一つの重
　みや意味も学ぶことができた。実際に自分の中での語彙力が上がり、論文
　やエッセイをより人にわかりやすく書けるようになった。
・創作をする時間はとても楽しく、友達や先生とも相談することができた。
　これからも言葉のつながりなどを意識し、創作したいと思う。また、元々

辞書を引く習慣があったが、さらに辞書を使うようになった。

・（海外在住が長く、母語が日本語でないため）日本の文学的また文化的情緒を理解する上でとても役に立った。賞をとるための書き方ではなく、多様な単語の語感や使い方を教わり、短歌と俳句の性質、特長、魅力、そして楽しみ方を勉強することができた。

ねらい②：発想力・着想力をつける訓練

・文芸を作る上で必要なアイデアを出すことを通じて、自らの独創性を発掘した。文芸の同じものを、特異な、他人とは違う視点から観察するところと、問題を解決するための視点が似ていると感じた。

・最初は俳句なんて簡単と考えていたので、短歌や俳句の深みに対し、アイデアが出てこない自分に対して幻滅した。しかし、一生懸命考え作り出した自分の作品が誰かに認めてもらえたときは、本当にうれしかった。

・先生から教わった発展して考えていく方法（Aの単語からBの単語／Bの単語からCの単語にアイデアをつなげる）は、言葉の奥ゆかしさとつながりを広く感じさせるものだった。言葉の面白さと、普段何気なく過ごしていた日常の一コマに立ち止まることができるいい授業だと思う。

・短歌や俳句のような、特定の少ない字数に文学的な表現を入れて作品にするというのは自分の苦手なものの一つである。日常生活で起こり得るような当たり前の出来事しか書けなかったり、斬新な句にしようと意識しても結局出来上がるのは当たり前の話だったりと苦労した。提出が滞りがちではあったが、先生のフィードバックはわかりやすかった。

ねらい③：生徒自らが身を置く世界について振り返る機会を日常的に作る

・日本文化に触れることができた。普段はあまり自分の生活を振り返ることが無いけれど、短歌などの創作では振り返りをせざるを得ない。自分が積んできた様々な素材を引き出しから見つけ出し、限られた字数に収めることは難しく、苦戦した。それでも一度入賞でき、とてもよい経験になった。

・短歌や俳句を身近に感じられた。創作することで「楽しみ方」を学んだ。しかし、決められた字数・リズムで季語を使って自分の創り上げた世界を表現することはとても難しかった。自分の世界観を文字で伝えることが不得意なので、すごく大変だった。

第1章　国際バカロレアとは何か

・やっぱり常日頃から短歌や俳句の題材になりそうな事を考えていないと書けないものだと活動を通して痛感した。

　以上の結果の他、自主的に俳句や短歌から日本文化の理解を汲み取っていながらも、創作には苦手意識をもっている生徒は多く、克服したいという前向きの姿勢がアンケートから見受けられた。

　この学年の生徒は、私自身の勤務の都合上、文芸創作活動をCASの活動として発展させるまで引き受けられなかったが、例年はこのような授業を通じた文芸創作活動からCASにつながっていくことが常であった。

7──教師の振り返りと展望

　IBの教育が本質的に全人的な教育であるということは、IBの資料である『国際バカロレア（IB）の教育とは？』(p.4)に述べられているとおりである。全人的な教育ということは、バランスのとれた人格形成を目指した教育ということであり、その詳細は、「IBの学習者像」である10の人物像から人間性を描いてみるとイメージしやすい。これらの像は、知的成長や学習面の成功にとどまらない、人間としての幅広い能力と責任感を育むことを意図している（同書、p.4）。そして、この学習者像は、決して対象の児童生徒のみを指しているわけではなく、IBの教育に関わる教師や保護者までも包括してしまうことに今一度気づきたい。

　特に本稿で着目したのは教師である。IB教師は、率先して学習者像を体現できるよう、生涯にわたって努めていく必要がある。IBが全人的な教育である故、IB教師は教師であることと一個人の人間性が切り離され難い。それは殊にIBの教育において、IB教師がいかに一個人として剥き出しになるか─人間力を問われるか─ということを意味している。

　『手引き』(p.3)によれば、DPの三つのコア(TOK、CAS、EE)は、全人教育の手段としてDPのカリキュラムの作成当初から企画され、導入されたと述べられている。それに即して考えると、特に文芸創作という個人の感性や生き方に直接触れなければならない活動は、余計に指導のノウハウだけを切り取って他者に貸し出すことが困難だと言える。充実した文芸創作の指導や

サポートをするためには、少なくとも教師自身が、創作という模索の苦しみと、その先にある自己表現の獲得の喜びという自分の文芸創作活動の体験をもたなければならない。換言すれば、教師自身が一個人として人生に文芸創作の苦しみと喜びを組み込んだことがなければ、ファシリテーターとして生徒とそれを共有することは至難の業になるだろう。

　筆者はCASや文芸部、授業で文芸創作活動に関わってきたが、当初は俳句も短歌も創作した経験がほぼなかった。そういう意味では、最初から自らも学習者として生徒と共に考え、学んできたと言ったほうが適切かもしれない。

　今回、アンケートの回答から、文芸創作指導が生徒の個別対応に根差していること、その内容が一人一人の目指す表現によって異なっていることを提示できたのではないかと考えている。これらはCASの文芸創作活動につながる基盤である。紙面の都合上、卒業生による振り返りのアンケートが掲載できなかったことは残念だが、それらには文芸創作活動が「言語A」からCASへと向かい、さらには生涯にわたっていく様子が力強く示されていた。他にもこれらの活動が、日本文化に則った自己表現を獲得するだけでなく、『手引き』(p.4) にある、自己認識とアイデンティティーの感覚を養う役割をも果たし得るものであると言えるコメントも印象的だった。

　最後に、授業での扱いは少なくなってしまうが、文芸創作活動はレギュラーコースの生徒においても実践している。中でも文芸部に所属し、共に創作に打ち込んだレギュラーコースの生徒たちは、IBコースの生徒と同様、またはそれ以上に多くの入賞を果たし、活躍していたことをここに述べたい。

　以上を踏まえると、俳句や短歌による文芸創作活動はIBの教育を超え、一般の教育活動においても十分に日本語表現力、発想力・着想力、振り返りによる高次の自己認識の力をつける可能性に溢れていると考えられる。

（勝俣文子）

コラム①

世界が注目する IB教育

　国際バカロレア機構（IBO）では世界を三つの大きな地域（region）に分け、それぞれにグローバル・センターと呼ばれる事務局を置いて統括しています。アメリカ地域（IBA）とアフリカ・ヨーロッパ・中東地域（IBAEM）、そして、日本が属すアジア太平洋地域（IBAP）です。2017年6月の時点で4,846校が何らかのIBプログラムを実施していますが、約60％の学校がIBAに属しており、国別に見るとアメリカ、カナダ、エクアドルがトップ3で、そのうち全体の30％以上の学校がアメリカに集中しています。IBAPに属する国では、オーストラリア、インド、中国がベスト10に入っています。残念ながら、日本はまだベスト10には入っていません。

　IB教育はなぜ世界でそれほどまでに注目されているのでしょうか。国際バカロレア資格が取得できるからでしょうか。勿論、それも魅力の一つです。でも、ほかにも沢山のメリットがあります。IBOはディプロマ・プログラム（DP）を高校生に勧める「10の理由」を挙げています。そこには、卒業後の進路のこと以外にも、「自信に満ちた自立した学習者を育てる」「国際的な視野を広げる」「批判的な思考力を身につける」「自己管理や時間管理ができるようになる」「試験のテクニック以上のことを学ぶ」などが記されています。

　日本においても、文部科学省は国際バカロレア資格を用いた大学入試の普及を推進しており、東京オリンピックが開催される2020年までに国内のIB認定校の数を200校以上に増やそうと計画しています。200校という目標が実現可能な数字かどうかはともかく、今後もIB認定校の数は確実に増えていくものと思われます。そうなると、足りなくなるのは、IB教育を担当する教員の数です。日本でも、現在、「玉川大学」「筑波大学」「都留文科大学」「岡山理科大学」の四つの大学・大学院がIB教員養成を行なっています。

　また、IBOが授与しているIB教員免許証には、CTL（Certificate in Teaching and Learning）とACTL（Advanced Certificate in Teaching and Learning Research）があります。ACTLを取得するには、3年以上のIB認定校での教授経験と修士号が必要です。その他にも、毎年、IBOが主催する専門能力開発研修に参加して研鑽を積むことも可能です。

第2章

「言語Ａ：文学」の授業づくり

① 作品の置かれたコンテクストを考える
　　── 翻訳作品（小説）

② 作品の内外から主題を捉える
　　── 精読学習（詩）

③ 作品を比較・対比させて論じる
　　── ジャンル別学習（小説）

④ プレゼンテーションに向けて作品を研究する
　　── 自由選択（古典）

| ウォーミングアップ | 第2章を読むまえに |

第2章では、「言語Ａ：文学」の授業づくりについて紹介しています。本章に入るまえに、「言語Ａ：文学」の概要を確認してみましょう。

1.「言語Ａ：文学」について

「言語Ａ：文学」は、ディプロマ・プログラム（DP）の科目です。DPには「言語Ａ：言語と文学」（▶**第3章③参照**）、「文学とパフォーマンス」という科目もありますが、日本の学校では「文学」が選択されることが多いようです。

また、「言語Ａ：文学」には、難易度、時間数の異なる、標準レベル（SL）／上級レベル（HL）の二つのクラスがありますが、どちらも、下の表にあるような、パート1〜4の内容を学ぶこととなります。「指定作家リスト（PLA）」「指定翻訳作品リスト（PLT）」（▶**資料編①②参照**）というリストから、作家・作品を選び、基本的には、各作品を通読することを通して、授業を行います。本章でも、このパート構成に沿って、授業づくりの様子や留意点を紹介します。

▼「言語Ａ：文学」シラバス

シラバスの構成	授業時間数 SL	HL
パート1: 翻訳作品 SL：2作品／HL：3作品 全作品を「指定翻訳作品リスト」（PLT）から選択する。	40	65
パート2: 精読学習 SL：2作品／HL：3作品 全作品を「言語Ａ」の「指定作家リスト」（PLA）から選択する。作品は、それぞれ異なるジャンルから1つずつ選択する。	40	65
パート3: ジャンル別学習 SL：3作品／HL：4作品 全作品を「言語Ａ」の「指定作家リスト」（PLA）から選択する。作品は、すべて同じジャンルから選択する。	40	65
パート4: 自由選択 SL：3作品／HL：3作品 どのような組み合わせでもよい。作品を任意に選択する。	30	45

2. 「言語Ａ：文学」の評価について

　「言語Ａ：文学」の評価は、大きく「外部評価」と「内部評価」に分かれています。概要を以下の表に示します。なお、下の表はHLのものですが、SLについても、項目や配点はおおむね同様です。

　先述の各パートは、この評価と密接にかかわっており、これを一つの目標として授業が行われます。より詳しい評価の内容については「資料編」もご参照ください。

▼「言語Ａ：文学(HL)」評価

評価の構成	配点
【外部評価】(4時間)	70%
筆記試験　試験問題1：文学論評(2時間) ・2つの課題文(散文と詩歌の抜粋)で構成。 ・生徒は1つを選択し、論評を書く。(20点)	20%
筆記試験　試験問題2：小論文(2時間) ・出題は、各ジャンルにつき1問、計3問。 ・生徒は、このうちの1問につき生徒は「パート3：ジャンル別学習」で学習した少なくとも2作品に関する小論文を書く。(25点)	25%
記述課題 ・「パート1：翻訳作品」で学んだ1つの作品に関する「振り返りの記述」と小論文。(25点) ・「振り返りの記述」は、必ず300〜400語(日本語の場合は600〜800字)でなければならない。 ・小論文は、必ず1200〜1500語(日本語の場合は2400〜3000字)でなければならない。	25%
【内部評価】	30%
以下はコース修了時に学校内の担当教師による内部評価を実施した後、IBによる外部モデレーション(評価の適正化)を行う。	
個人口述コメンタリーおよびディスカッション(20分) ・「パート2：精読学習」で学習した詩に関するきちんとした形式の口頭の論評と質疑応答(10分)、その後、パート2で学習した残る2作品のうちの1つの作品に基づくディスカッション(10分)を行う。(30点)	15%
個人口述プレゼンテーション(10〜15分) ・「パート4：自由選択」で学習した作品に基づくプレゼンテーションで、内部評価の後、内部評価課題のパート2を通じてIBによる外部モデレーション(評価の適正化)を行う。(30点)	15%

第2章 「言語Ａ：文学」の授業づくり

① 作品の置かれたコンテクストを考える—翻訳作品（小説）

｜キーワード｜ パート1：翻訳作品・TOK・文学批評・コンテクスト・振り返り

｜作品・作家｜ カフカ『変身』・チェーホフ『桜の園』・村上春樹『羊をめぐる冒険』

　本稿では国際バカロレア（IB）のディプロマ・プログラム（DP）のグループ1の科目である「言語Ａ：文学」のカリキュラムを構成する四つのパートのうち、パート1「翻訳作品」について、その概要、授業の構成、また評価などを日本の「国語」との比較も交えながら紹介する。

　『「言語Ａ：文学」指導の手引き』（以下『手引き』）に、「『言語Ａ：文学』コースでは、1つの文化、あるいは複数の文化に根ざした1つの言語で書かれた文学作品だけではなく、幅広い文学を学びます。翻訳作品の学習は、文学作品を通じて異なる文化の視点を導入する上で特に重要です。」（p.9）とあるように、「翻訳作品」を取り立てて扱うことはIBの特色の一つといえよう。

1──パート1「翻訳作品」の概要と位置づけ

　「翻訳作品」は、「言語Ａ：文学」を構成する四つのパート、

・パート1：翻訳作品
・パート2：精読学習
・パート3：ジャンル別学習
・パート4：自由選択

のうちの一つである。ただ、パート1といっても第一番目に取り扱わねばならないという訳ではなく、『「言語Ａ：文学」教師用参考資料』のp.13以降にいくつかの例があるように、いろいろな順序で各パートを2年間（1条校においての実施では実質1年7ヶ月）の授業の中に位置づけてよい。

生徒は、各パートにおいて読解・討論・文学批評、そしてそのアウトプットを行うのだが、特に文学批評に関しては、1条校などでDPに取り組む大部分の高校生たちにとって大きなチャレンジであろう。生徒の状況によっては、まず批評の知識とスキルを与えることも必要である。（本稿末に参考文献をあげておいた。）

　「翻訳作品」の授業において、授業担当者は、「作品の内容、および文学作品としての作品の質を理解する。」「個人の文化的経験とテクストを関連づけることにより、作品について独自の理解を示す。」「文学作品の中で文化的および文脈上の要素が占める役割を認識する。」（『手引き』p.24）といった生徒の能力を伸ばすことをねらいとする。

　また、DPの科目はコア科目である「知の理論（TOK）」との関連が必要なので、『手引き』（pp.12-13）の「『言語Ａ：文学』と『知の理論』」にあげられている項目のうち特に、「社会的、文化的、歴史的文脈に焦点を絞ることにより、文学についてどのような知識が得られるか。」「1つの言語から別の言語に翻訳される際に失われるものは何か。それはなぜ失われるのか。」などを考慮すると共に、「作者、あるいは社会的文脈から切り離し、作品だけに焦点を絞ることで文学に関するどのような知識が得られるか。」という観点にも留意する。

　この TOK との関連について「翻訳作品」の授業でよく扱われる作品であるカフカの『変身』を例に紹介してみる。例えば、複数の『変身』の訳から冒頭の一文を並べてみると、

○「ある朝、グレーゴル・ザムザがなにか気がかりな夢から目をさますと、自分が寝床の中で一匹の巨大な虫に変わっているのを発見した。」（カフカ『変身』高橋義孝訳、新潮文庫、1952）
○「ある朝、グレゴール・ザムザがなにか胸騒ぎのする夢からさめると、ベットのなかの自分が一匹のばかでかい毒虫に変わってしまっているのに気がついた。」（カフカ『変身』山下肇訳、岩波文庫、1987）
○「ある朝、ひどく胸苦しい夢から目がさめると、グレゴール・ザムザは、ベッドの上で自分が一匹の巨大な甲虫に変身していることに気がついた。」（『世界幻想名作集』カフカ「変身」種村季弘訳、河出文庫、1996）

といったバリエーションがあり、どれも大筋は大きく違わないが、「ばかでかい毒虫」「巨大な虫」「巨大な甲虫」という風に少しずつ違った印象を与える言葉が選ばれている。ここから訳語の選択が与える印象の違いや、「翻訳」の中で失われるものや、期せずして産み出されてしまうものの存在に気づくことができよう。日本語の授業なので原文との対照を行う必要はなく、また訳語の違いの考察に多く時間を割く必要はないが、TOKへの関連として、このようなことも扱うのである。

　また、DPの「国際的側面」として、生徒は翻訳作品を通じてさまざまな文化のものの見方を学び、また30言語以上に上る翻訳作品群から選ばれた作品の学習を通じて、「文学作品がそれらの置かれた文化的文脈においていかに重要な役割を占めているか」「文学作品が経験および価値観をどのように反映し、表現しているか」について理解を深める（『手引き』p.13）。

　「翻訳作品」のパートで取り扱う作品は必ず、すべての言語における「言語Ａ」で共通である国際バカロレア機構（IBO）の「指定翻訳作品リスト（PLT：Prescribed Literature in Translation list）」（▶**資料編②参照**）の中から選ばねばならない。そして「翻訳」であるので、オリジナルが日本語の作品は除くこととなる。「言語Ａ」を標準レベル（SL）で履修する場合で2作品、上級レベル（HL）では3作品を扱い、標準授業時間数は、SLの場合50分授業だと48回（60分授業で40回）、HLの場合78回（65回）とされる（『手引き』p.18）。すべての作品は、授業内で取り扱わなければならない。また、IBは作品の生まれた、置かれた「コンテクスト」を重視するので、作者のことや、その国のその時代を含めた、社会的、文化的、歴史的文脈についても留意せねばならない。

2──授業構成の例─カフカ『変身』とチェーホフ『桜の園』

　以下にまず、『変身』を例に授業の構成・展開を紹介し、その後に『桜の園』を扱った場合の例も、簡単に添えることにする。

　なぜ『変身』を選ぶのかであるが、PLTに含まれているという大前提がある。海外のIB認定校では国際理解の一環として、学校の置かれている国への理解という意味も兼ねて、その国や地域の作品を選ぶ場合が多いが、国内

DP校の場合はそうではないので自由度は高いかもしれない。

　ついで、本自体入手しやすく、通読するのに適切な分量であるという点がある。授業担当者と生徒は、アンソロジーである「国語」の教科書ではなく、作品の単行本や文庫本を使うので、入手可能かどうかは重要である。加えて一定の時間内に作品の全部を読み、討論し、分析と批評を行い、IBの要求するアウトプットを書くのであるから、読み通すためには作品の長さも重要となる。これは例えば、日本の「現代文」の教科書に収録されている漱石の『こころ』が、ほとんどの教科書には「先生と遺書」の後半部分のみが掲載されていて、多くの授業の場合、その前後の部分はあらすじを参考にし、全文を読み通すことはしないし、分析や批評にそれほど時間を割かないのとは趣を異にする。

　また、批評がしやすいかどうかという点も重要である。『変身』と同じ変身譚であれば、中島敦の『山月記』が「現代文」の教科書に掲載されることも多いが、こちらは虎に変身した李徴がまずは死を思い、その原因を自ら考え、悔い、偶然出会った旧友袁傪に胸中を語る。これに対して、『変身』では、当初は驚くものの、グレゴールが変身の理由について思い悩むわけではなく、極めて冷静に受け止め、彼の関心事はもっぱら家族のことであるし、会話もなされない（できない）。父親、母親、妹、手伝い女などの登場人物達のグレゴールへの対応もさまざまであるし、加えて三人称限定視点での記述であるので、生徒が解釈し、分析し、批評を行うための切り口がより多く存在するといえる。

　ともかく、授業担当者は、自分が好きな作品とか文学的に評価が高い作品を選んでいるのではなく、この科目のそれぞれのパートの、IBOが指定した目的に合致し、実践的に批評しやすい作品を選ぶという側面も確実にあるのである。

　非常に大雑把になるが、基本的に検定教科書を使用することによって作品選択の幅は狭いものの、実際の授業の「作法」にはほぼ制限のない「国語」の授業に対して、「言語A」は、PLTや「指定作家リスト（PLA：Prescribed List of Authors）」（▶**資料編①参照**）などから、ある程度自由に作品を選択することができるものの、学習の手順やアウトプットなどの「作法」は厳しく規定

されているという点で対照的と言える。「言語Ａ」の場合、学習を通じて生徒が身につけるべきことは明示されているので、自分なりの観点をもち、自由で幅広い討論、批判的な思考を行い、「作品を学ぶ」のではなく「作品で学ぶ」のである。以下に、IBOに指定された授業の展開（パート1と連動した外部評価である「記述課題」に、以下で述べるような第1～4段階のプロセスが示されている）を、まず『変身』を例に紹介する（▶以下、資料編③参照）。

第1段階：「対話形式の口述活動」（『手引き』p.38）

　扱うそれぞれの作品につき、授業内で必ず、最低30分間の「対話形式の口述活動」（討論）を行わなければならないと決められている。勿論、実際には30分で終わることはない。生徒は作品を事前に読み、教室では授業担当者を中心に、クラスの討論の前提となる作品の理解や背景の知識を共有した上で、範囲を分担し、討論の準備をする。この部分は、いわゆる「国語」の授業と似ているかもしれない。討論は、各生徒が自分の担当範囲をリードして行う「読書会」のような形態と考えるとイメージしやすいかもしれない。その際、生徒は担当範囲のレジュメを作成して配布すると、討論が焦点化され、より建設的なものとなり、深まる。授業担当者は討論のファシリテーターとして振る舞うのがよいだろう。『変身』の例でいえば、生徒の人数によるが、3章に分かれている本文をさらに場面によって分けるなどしてほぼ同じ分量を担当するように配分する。この際、前述の通り、著者、作品の時代、地域、スタイルの背景などにも触れることが必要となる。そのために授業担当者は、以下のようなトピックを生徒に与え、自分の担当範囲に適応可能なものに関してレジュメに考えをまとめさせるようにする。他の生徒も各自読む上で当然、こういう点を考慮しておく必要がある。

①この作品の背景となる時代や社会は、作品の内容にどのような影響を及ぼしていると考えるか。

②この作品の内容と社会的、文化的な要素との関係を考える上で、比較的易しいと思ったのは何か、また難しいと思ったのは何か

③この作品を、自分自身の文化的、社会的背景や個人的な経験と比較して、何か思うところはあるか。

④この作品を家族の物語として読むとき、どんな解釈ができるか。

⑤この作品を解釈する視点として、どんなものがあるか。

⑥この作品の現代的意義について、どのように考えるか。

⑦この作品の表現の特徴について、気がついたことは何か。

レジュメは、このような視点や表現の技法に注目して作るように促し、あらすじをまとめただけのものは不可とする。こういった批評に、また、作品の置かれたコンテクストに目を向けさせることは、全学習を通じて常に意識されなければならない。

この段階を通じて、各生徒は必ず、なにかしら自分から議題を提起しなければならない。また、生徒は第2段階の「振り返りの記述」を行うためにメモをとっておくのがよい。

第2段階：「振り返りの記述」(『手引き』p.38)

生徒は「対話形式の口述活動」について「振り返り」をせねばならない。討論終了後すぐ、自分の理解がどう発展したかについて600〜800字の作文を書くが、それは授業内でも宿題でもよい。最終的にIBOに提出する「小論文」(第4段階)で論ずる作品の「振り返りの記述」は、評価用として一緒に提出せねばならないので、すべて学校で保管しなければならない。『変身』に対する実作例は例えば以下のようになる。(紙幅の都合で筆者が要約。実際は800字程度)

Ⅰ筆者は①なぜ主人公を虫に変身させたのか、②なぜ90年にわたって読み続けられているのかという疑問をもち、様々な側面から考察した。

Ⅱカフカは当時では珍しいサラリーマン作家であり、仕事と執筆の両立に疲れ、その苦悩を、主人公を虫に変身させることで表現したのだと思う。グレーゴルが元の姿に戻りたいと考える描写はなく、これはカフカが、どこかで仕事ができなくなる状況に陥ることを望んでいたことを表したのではないか。

Ⅲ討論を通じて、グレーゴルの疎外状況が現代人と似ており、共感を呼ぶことが、この作品が読み続けられてきた理由ではないだろうかと思うようになった。

Ⅳ一般的には、主人公がアイデンティティーを失い、居場所をなくす悲劇

第2章 「言語Ａ：文学」の授業づくり

と捉えるだろうが、見方を変えるとグレーゴルは変身により忙しさから脱出し、家族も仕事をもつことになり、父親も権威を取り戻すなどよい方向に変身した。世紀末、世界大戦の重苦しい雰囲気の中で生き、暗い内容の本ばかりを書いたカフカにとって「変身」は幸せな結末を描いた作品なのかもしれない。

Ⅰの部分は、この生徒が選んだ分析の観点であり、Ⅱがその①への解答、Ⅲが討論を通じてのⅠの②への解答、Ⅳは文化的・文脈的理解の発展を通じての理解の深まりについての記述であると言えよう。

第3段階：「教師の監督下での記述活動」（『手引き』p.39）

この段階での目的は、IBOに提出する生徒の小論文のアイディアを引き出すことである。作品毎に40～50分ずつを費やして、授業時間内に授業担当者の監督下で作文をする。生徒はこの作文を通して、授業で扱った作品に対峙することとなる。授業担当者は、先に提出された「振り返りの記述」を参考にして複数のプロンプト（発問）を考え、作文直前に生徒に与える。生徒は一つを選び作文を書く。『変身』でのプロンプトは、例えば以下のようなものとなる。

①この作品のテーマと構成にはどんな関係があるか、作品に即して、具体的な例をあげて論じよ。

②主人公が虫になるという設定は、この作品の中でどんな意味をもち、どんな効果をあげているか、作品に即し、具体的な例をあげて論じよ。

③主人公の生と死に注目すると、どんな解釈が可能か、作品に即して、具体的な例をあげて論じよ。

④主人公を取り巻く登場人物には、どんな特徴があったか、また、それは作品の中で、どんな役割を果たしていたか、具体的な例をあげて論じよ。

⑤この作品を「家族の物語」として読むと、どんな解釈が可能になるか、作品に即して、具体的な例をあげて論じよ。

⑥カフカはこの作品に自分自身を投影しているという意見があるが、それについてどう考えるか、作品に即して、具体的な例をあげて論じよ。

⑦この作品にはさまざまな対立や葛藤が描かれていたが、最も印象に残っ

た対立や葛藤は何か、また、それらは作品にどんな影響を及ぼしていたか、作品に即して、具体的な例をあげて論じよ。

⑧「変身」という題名は、作品のテーマとどのように関係しているか、作品に即して、具体的な例をあげて論じよ。

プロンプトのねらいは、各生徒の批判的な記述を促し、課題のトピックに関する思考を刺激することである。授業担当者がプロンプトを考える際には、生徒の提出した「振り返りの記述」から分析・批評の芽を見つけ、そこを生徒が発展させられるようなものにすることを心がける。ただし、問いは、一つの「答え」に収束しない、オープンエンドなものであることにも留意する。

この課題はオープンブック形式で行うので、作品やメモを手元に置き、辞書を引いてもよいが、作文中に二次的資料(インターネット等)にアクセスすることは認められない。次の段階で、生徒は、ここで書いた作文から一つを選び、それを提出用の小論文に発展させることとなる。なお、ここでの作文は長さの制限はなく、IBOに提出もしないが、最終的に提出された小論文が、生徒本人の作であるかどうかを確認するための比較用として使用される場合がある。授業担当者の監督下で行うのは不正防止策である。ここでの作文は、すべて学校に保管せねばならない。

第4段階：小論文の作成【選択した一作品】(『手引き』p.40)

授業で扱ったうちの一つの作品の文学的要素について、第3段階での作文の一つを発展させ、2400〜3000字の小論文を作成する。完成稿は、関連する「振り返りの記述」(第2段階)と必ず一緒にIBOに提出する。この小論文には二次的資料からの引用があってもよいが、必ず、説明や証拠、生徒自身の分析を伴わねばならない。

ここまで、『変身』を例に、「翻訳作品」の取扱いの流れを述べてきたが、SLで2作品、HLでは3作品を扱うので、上記の第1〜3段階をそれぞれの作品について行うわけである。1作品につき12時間〜15時間(50分授業)見当で、第4段階は授業時間を費やすこともあれば、宿題とすることもある。授業の按配は各授業担当者に大きく委ねられており、非常に柔軟性がある。

さて、「翻訳作品」では様々な国、時代、形式の文学に触れることが奨励さ

第2章 「言語Ａ：文学」の授業づくり

れているので、『変身』を一冊目に選べば、二冊目にはチェーホフの『桜の園』を選ぶのもよかろう。同時代の作品ではあるが、帝政最末期のロシアの作品であり、戯曲であるという点で趣を異にするからである。また、農奴解放から帝政が崩壊するに至る時代であって時代と作品の関連も考察しやすく、戯曲であるので人物造形もはっきりしており分析や対比がしやすい。また、終始噛み合わない登場人物たち、さして大きな出来事も起こらない展開の効果なども批評の取り掛かりとしてよいだろう。

「対話形式の口述活動」（第1段階）は、

①この作品のテーマについて

②この作品の社会的・文化的背景について

③この作品の台詞について

④この作品のト書きについて

⑤この作品のテーマについて、どんなものが考えられるか。自分自身の文化的、社会的背景や個人的な経験と比較して、思うところはあるか。

⑥この作品の表現の特徴について、気がついたことは何か。

⑦この作品が発表された時代や社会は、作品の内容や表現にどんな影響を及ぼしていると考えられるか。

といったポイントで行うとよいだろう。また、「教師の監督下での記述活動」（第3段階）のプロンプト（発問）としては、

①時代背景、社会背景は作品のテーマとどんな関係があるか、作品に即して具体的な例をあげて、考えるところを論じよ。

②この戯曲の構成はどんなものか、作品に即して具体的に論じよ。

③登場人物にはある種の人間像が典型化されているが、主要登場人物について、どんな典型的人間像なのか作品に即して具体的に論じよ。

④チェーホフはこの戯曲を「喜劇」と称しているが、どういう観点から見れば「喜劇」といえるのか、作品に即して具体的に論じよ。

⑤作品中さまざまな対立軸が見られるが、テーマと密接に関わる対立軸としてどんなものが考えられるか、作品に即して具体的に論じよ。

⑥ジェンダーはどのように扱われていたか、考えるところを述べよ。例えば、男と女が異なった扱いを受けていたとして、それはどんな形で表れ

ていたのか、またそれはどうテーマに関わっているのか、などを作品に
即して具体的に論じよ。

⑦『桜の園』のテーマは、「戯曲」という形式を用いることによって、どのよ
うに効果的に表現されていたか、作品に即して具体的に論じよ。

といった項目が与えられるとよいだろう。兎にも角にも作品の置かれたコン
テクストに目を向け、批評の目で作品に即して具体的に論じることである。

日本語の「言語A」で扱われることの多い「翻訳作品」を他にも簡単に紹介す
ると、『素晴らしい新世界』『香水——ある人殺しの物語』『予告された殺人の記
録』『カンディード』『異邦人』などの小説、『欲望という名の電車』『人形の家』
『オイディプス王』『アンティゴネ』『貴婦人故郷に帰る』『ロミオとジュリエッ
ト』『ハムレット』『リア王』『マクベス』『タルチュフ』などの戯曲、そしてグラ
フィックノベルの『ペルセポリス』などがある。また、漫画も対象になり、
PLTには、例えば日本の『ナルト』や『遙かな町へ』なども収録されている。

3──評価

授業における評価の方法についてはIBOからの指定はないが、生徒がDP
における「評価」に慣れる意味も含めて、口述また筆記に対して『手引き』の
p.46以降に掲載される評価規準も使用して行う。評価は勿論、形成的評価
と総括的評価の混合で行うので、例えば、「国語」の授業で行うような漢字の
小テスト、読解のクイズなどを含んでもよいが、評価の概要（各評価項目の
割合、それぞれの項目に適用される評価規準）は事前に開示しておかねばな
らない。

次に最終評価において「翻訳作品」と関係するのは、外部評価の「記述課題」
で、「振り返りの記述」と一緒にIBOに提出する「小論文」であり、評価全体の
25％（25点）にあたる（▶**25点の内訳は、資料編④参照**）。規準の採点項目か
ら「振り返りの記述」と「小論文」に何が要求されているのかを読み取り、それ
に沿った作文ができる力を養う。このように、DPの学習においては、「逆向
き設計」（Backward Planning）が重要なのである。

第2章 「言語Ａ：文学」の授業づくり

4——「翻訳作品」で扱われる日本文学

　日本国内にあるインターナショナル・スクール（教授言語は英語が中心）の
DPでは、「言語Ａ：文学」の授業で、PLTにある日本文学の英訳をテクスト
として扱うことも多い。我々に親しみのある日本語の作品が英訳されて、ど
のように「翻訳文学」として授業で扱われるのかを見て、いわば逆からの視点
で「翻訳作品」の取り扱い方への理解を深めてみたい。

　例えば、村上春樹の『羊をめぐる冒険』が扱われる場合には、以下のような
観点で討論が行われる。

　①この小説では「日本」がどのように表現されているか。

　②登場人物の名前（または名前の匿名性）の重要性は何か。

　③なぜこの小説は日本国外の読者に共鳴を得るのだと思うか。

　④1980年代という設定のどの側面が小説のテーマに影響するか。

　⑤植民地主義と帝国主義はどのようにこの小説に描写されているか。

　⑥小説の中で最も重要な象徴は何か。それはなぜ重要なのか。

　⑦どのように、また、なぜ間テクスト性（Intertextuality）が使われている
　　のか。

　⑧この小説ではどのように、また、なぜユーモアが使われているか。

　⑨この小説では、女性はどのように表現されているか。

　⑩この小説は、人間の本性の観点から、楽観的か、悲観的か。

　⑪なぜこの小説では時間の概念が絶えず言及されるのか。

　⑫この小説で、凡庸さという考えはどのように探究されているか。

　⑬私たちは登場人物と自分を重ね合わせるか。する場合としない場合と、
　　それぞれなぜか。

　もちろん「国語」の授業と共通する問いもあるが、①は我々日本人が日本文
学を「国語」の授業で読む際には「当たり前」のことすぎて、あまり考えがいた
らないのではなかろうか。③などは翻訳文学として読まれねば思いもよらな
いことであるし、「批評」の観点であろう。④⑤は歴史との関連づけであり、
コンテクストを重視し、教科横断的な性格をもつIBらしい観点である。⑦
は例えば、「僕」「鼠」「ジェイ」の他作品への登場などがあるが、非常に批評的
な観点であろう。⑬などは、国語の授業の鑑賞においても、どちらかの立場

68

を問うことはあろうが、両方の立場を考えさせるのは TOK的というべきだろう。

　同じ作品であっても、日本の「国語」の授業であれば、ここでは問われていない、どのようなことを問うだろうかと考えると、「国語」と「言語 A：文学」において「翻訳作品」を扱う上での共通点・相違点が明らかになり、国語科の教師が「言語 A：文学」とその中における「翻訳文学」の扱いについて、より明確なイメージをもてるのではなかろうか。

　最後になったが、山本美千代先生、David Algie先生、矢田純子先生からお力添えを頂いたことに大変感謝している。

（福島浩介）

【「批評」についての参考書籍】
井関義久(1972)『批評の文法』大修館書店(〈改訂版〉明治図書、1986)
D. James/N. Amy (2011) *English Literature for the IB Diploma*. Cambridge university press
H. Tyson/M. Beverly(2012)*English A: Literature.* Oxford university press
【「批評」を学ぶための参考書籍】
石原千秋ほか(1991)『読むための理論―文学・思想・批評』世織書房
廣野由美子(2005)『批評理論入門―「フランケンシュタイン」解剖講義』中公新書
松本和也(2016)『テクスト分析入門―小説を分析的に読むための実践ガイド』ひつじ書房

第2章 「言語Ａ：文学」の授業づくり

② 作品の内外から主題を捉える
―精読学習（詩）

▌キーワード パート2: 精読学習・作家研究・表現技法・
ディスカッション・論評

▌作品・作家 萩原朔太郎『月に吠える』・室生犀星・山村暮鳥・
与謝野晶子『みだれ髪』

1――パート2「精読学習」の概要

　本稿で取り扱う「言語Ａ：文学」のパート2「精読学習」では、「指定作家リスト（PLA）」（▶**資料編①参照**）の中から異なるジャンルの作品を選び、標準レベル（SL）では2作品、上級レベル（HL）では詩を含めた3作品を学習する。パート2では、「学習する作品についての詳細な知識と理解を身につける。」「特定のジャンルについて適切な分析的な考えを示す。」「言語の使用により特定の効果がどのように達成されているかを明らかにして示し、登場人物、テーマ、設定などの要素を分析する。」「熟考を伴う情報に基づく考えを養うため、作品の精読に取り組む。」といった能力を伸ばすことが求められる。（『言語Ａ：文学指導の手引き』p.25、以下『手引き』）。

　そしてSL・HL共に、10分間の「個人口述コメンタリー（IOC：Individual oral commentary）」（▶**資料編⑤⑥参照**）が最終試験として課せられており、パート2の学習を通じて身につけた力はこのIOCで評価される。

　IOCでは、SLの生徒は学習したうち1作品について、10分間の論評を行うが、HLの生徒は口頭での論評に加えて、残り2作品のうち1作品について授業者とディスカッションを行わなければならない。

　IOCではすでに授業を通じて詳細な作品分析を行ってきたことを前提に試験が行われる。そのため、生徒は作品の主題を示すために、詩人や作品の背景、表現技法とその効果などを論理的な構成と、論評にふさわしい言葉遣いで述べることが期待される。つまり、パート2の授業では、ただ作品に使

用される表現技法を特定するのではなく、それらがどのような意図で作家によって選択され、主題に関わっているのかについて述べるための知識と技能を育成していく必要がある。

2——パート2における作品の教材化

(1)テキストの選び方

　HLの場合、パート2では詩歌を必ず学習しなければならない。そこで使用する作品は先述のPLAから該当するものを選ぶ必要がある。また、IOCで使用する作品はコメンタリーに対応できるよう20〜30行を目安に、一つの完成した詩か、長編詩の抜粋を用いるため、ある程度量のある作品か、内容が充実したものである必要がある。また試験に使用する作品ないしは抜粋数は、生徒数に応じて最小限必要な数が定められている。生徒数が1〜5人ならば一人につき1作品、6〜10人なら6作品以上など、生徒数と作品数を確認しておかなければならない（『手引き』p.68）。このように、教師は口述試験を見据えて授業で使用する作品を選ぶ必要がある。これは一人の作者につき、一つの詩を学習することの多い日本の「国語」教育とは、趣が異なるだろう。

　また、PLAの詩人は先行研究も多く、その内容は充実しているが、その中でも萩原朔太郎や高村光太郎など全集の出ている作家の作品が教材化しやすい。特に各作品の解釈や用語解説が掲載された全集が出ている場合、教師にとって作品理解の大きな助けとなり、ここで得た知識をもとに、作品分析をしていくことができる。

(2)作家研究の重要性

　文学作品は作家の問題意識から発生したものが多いが、多くの言葉を使いそれを表現していく小説と異なり、詩の場合は短い言葉の中でその世界を展開している。詩人は自身の世界を表現するために言葉を厳選し、表現技法を凝らすため、一語がもつ意味の奥深さは作品を一読しただけでは掴むことが難しい。そのため、詩の分析をするにあたり、作家の背景を学ぶことは大きな意味をもつ。

　さらに同じ詩人の作品でありながら一篇ごとに異なる世界観を提示し、解

釈しにくい場合もある。例えば、詩集としての評価が高い萩原朔太郎の『月に吠える』(1917)でも、初期作品の「雲雀料理」詩篇と、この詩篇作成後、数か月経って作られた「竹とその哀傷」詩篇では使う言葉も思想も異なっている。このような時も、作家研究をとおして詩人が表現技法をどのように変化させたかや、そのきっかけとなる体験などを知ることで、無関係に見えた作品同士のつながりを見ることができる。

　では、作家理解として具体的に何を知っておくべきなのか。まず詩人がどのような内面の葛藤を抱えていたかである。作品の制作時期によって表される葛藤は異なるが、詩人にとって創作の原動力になっているものを知ることは、作品理解の大きな助けとなる。

　次いで、詩人が生きた時代が詩人の思想にどのような影響を与えたのかを調べていく。詩人が抱える問題が個人に起因するものなのか、社会との摩擦によって生じるものなのかで作品を論じる際の方向性が異なってくるからだ。このように、詩人の内面の問題と社会との関係性を調べただけでも十分作品を理解する助けになるが、詩の場合は好んで用いるイメージやモチーフにどのようなものがあるのか、また特徴的な表現技法についても調べ、詩人の意図を説明できるように準備しておきたい。

　さらに踏み込めば、詩壇における交友関係が作品にどのような影響を及ぼしていたかということも重要である。交友関係にある詩人同士は表現が影響し合うため、関係の深い詩人の作品を読むことで、詩に用いられる特徴的なイメージやモチーフがどのような経緯で生み出されたのか理解できる。例えば萩原朔太郎の「山居」では、「八月は祈祷」や「手に聖書は銀となる」という言葉が登場する。これらは「祈祷」や「聖書」といった言葉から宗教的なイメージを連想することができる。また、「聖書」が「銀」になる視覚イメージをもつことは難しいものではないが、金属化することの意味を考えるとこの作品だけでは読み解けない。そのため、詩作時に朔太郎が詩壇で影響を強く受けた友人である室生犀星や山村暮鳥の存在が作品理解を助けることになるだろう。

　キリスト教の広まりと共にキリスト教の宗教儀式が詩語として用いられ、犀星や暮鳥など朔太郎周辺の詩人は積極的に宗教的イメージを取り入れた作品を生み出した。「銀」は「聖」なるものとしてしばしば朔太郎や犀星の作品に

登場し、犀星は「銀製の乞食」でキリストを「銀製」と表現している。ここから「聖」なるものが極まった存在を「銀」という言葉で表現しようとしていたことがわかる。また、「銀製」と「乞食」や、「銀」と「聖書」など異なるイメージをもった言葉をぶつけることで、従来の詩歌にはなかったイメージを生み出していた。このように、同時代の詩人の作品との比較も重要である。

　これらの情報を活用することで、作品を読むだけではわからない言葉の意味や主題設定の意図が理解できるようになる。生徒にとっても、詩の背景にある詩人の人生を知ることで、作品の根底にある詩人の思想を読み取り、作品の主題が理解しやすくなる。作家理解という作品分析のための土台があることで、生徒自身が作品を解釈する力が養われるため、難解な作品であっても詩人の抱える問題に照らし合わせることで作品の方向性をある程度見つけることができるようになる。

3──授業づくりの留意点

(1)教材研究

　教師は詩の授業を行う際に、詩人と取り扱う作品について先行研究を複数参照し、多様な解釈を提示できるように教材研究をする必要がある。詩の世界は解釈の幅が広く、複数の解釈を有するものや、作品によっては主題よりも新たな技法を提示することに重点を置いたものもあるため、授業で使用する作品に対する主要な解釈には目を通しておきたい。

　授業で教師が限定された解釈のみ提示することは、生徒の読解の幅を狭めることになりかねない。そうかといって、詩の解釈は無限であるという態度からどのような解釈でも認めてしまっても詩の学習にならない。そのため、教師は作品ごとに先行研究で主にどのような解釈がなされてきたかを確認し、それぞれの解釈に至る道筋を理解しておく必要がある。解釈の方向性がわかっていれば、生徒の発言に対して多様な支援を行うことができるからである。

　この教材研究という点においても、使用する作品の選び方によって研究の量が変わってくる。詩の研究では詩集か詩篇単位で論文を書くことが多いため、教師は授業で使用する作品だけではなく、その同時期に作られた作品を

並行して読み、詩人が何を意図して作品を作ったかを調べておくとよい。

(2)授業の目標

パート2の授業ではIBのDP獲得に必要な課題であるIOCを意識した力の育成が求められる。つまり詩を分析する力と、分析したものを論評にしていく力の育成である。もちろんこの力は「言語Ａ：文学」の授業すべてを通じて育成されていくものだが、一語一語の意味と効果を丁寧に分析する授業展開は詩の学習に勝るものはないだろう。

(3)授業の課題

こうした目標を達成するため、授業では技法とその効果を指摘した上で生徒が主題を述べられるように課題を出すことが効果的である。例えば、事前学習としてその日の授業で学習する作品の主題とそれにつながる表現の指摘をしてくるように課題を出す。そうした事前課題を基に授業ではグループディスカッションを行い、作品理解を深めていく。予習が不十分な場合でも、とにかく考えた主題を発表させ、それを足掛かりに、どのような表現を基にその主題に辿りついたのかを述べるよう指導し、全員が詩を分析する機会を設ける。

一方、作品理解が全員一致してしまい、ディスカッションが盛り上がりに欠ける場合は、生徒に別の視点を与えて解釈を揺さぶったり、語句の解説などを行うことで作品の解釈を深めさせたりする。そして、これらの活動のまとめとしてノートに作品ごとの論評を書かせ、知識の定着を図る。論評を書く際も作品の主題とそれを導き出す根拠として作品で使われた表現を指摘するよう指導することで、生徒がどの程度作品を理解したかを把握することができる。教師はノートの内容を読み、不十分な点はコメントで補い、十分な考察によって質の良い論評が書けた場合にはその内容を褒め、さらに発展的な論になるよう新たな問いを与える。これを繰り返すことで生徒の学習を支援していくことができる。

(4)授業中の教師の役割

教師の役割は、生徒が作品を理解できるよう手助けすることである。そのため、生徒の特性に合わせてディスカッション時に問いを投げ込んだり、ディスカッション後に補足説明を加えたりするなどして支援していく。その際、

② 作品の内外から主題を捉える―精読学習(詩)

気をつけることは、作品の主題を教師が限定しないことである。繰り返しになるが詩の解釈は複数存在し、また解釈に至る道筋も複数ある。事前学習で生徒はそれぞれ自分なりの解釈を用意し、ディスカッションに参加するので、教師は生徒に自らの解釈を押しつけるのではなく、生徒が導き出した主題とそこに至る論理構成に問題がないかを確認することに主眼を置く必要がある。

　しかし、それを行うには教師が教材研究によって複数の解釈を身につけている必要がある。教材研究によって裏づけられた知識がなければ生徒の解釈を受け止めることはできないし、また誤読している際に指導を入れることができない。IBでは、教師自身も生涯学習者であることを求めているが、まさに教師もまた生徒同様、学び続ける姿勢が大切なのである。

　詩の誤読は聞きなれない言葉や、詩人がもつ独特のイメージを知らないことから生じることがほとんどである。例えば朔太郎の「感傷の手」に登場する「胡弓」は辞書を引けば中国や日本の弦楽器として説明される。しかし、この作品が書かれた当時バイオリンも胡弓と表記しており、本作でもバイオリンを指す言葉として使われている。このように言葉の意味を取り違えた場合は生徒が受け取る印象が大きく異なる。そのため、教師は授業内で生徒が躓きやすい語句について、その意味や詩人がどのような意図で言葉を選んでいるかを紹介し作品の主題につながるよう指導していく。

4——パート2「精読学習」の単元構成

　萩原朔太郎『月に吠える』に採録されている作品を例に、ここでは授業例を示したい。萩原朔太郎『月に吠える』は全55篇の詩によって構成されている。授業ではこのうち散文的な長詩2篇を除いた53篇の作品を取り上げる。計画としては作家と作品の先行研究について1時間の講義を行い、以降は3〜4作品ごとに作品を分析していくという全18時間構成の授業展開である。

(1) 作家分析

　作品分析に入る前に、生徒の作品理解を助けるために作家と時代背景について説明を行い、作品を読み解くために必要なキーワードを与える。

　萩原朔太郎の説明では、彼のコンプレックスを中心にその原因となる生い立ちや、社会との関係性を紹介する。朔太郎は、地元では名医として知られ

た病院の長男として生を受け、将来は医師として病院を継ぐことを当然のことのように周囲から期待されていた。しかし、本人には医師になる気はなく、前橋中学校卒業後は大学に入退学を繰り返し、職にも就かず親の援助のもとで生活していたという。朔太郎のコンプレックスは、明治末から大正期の社会が求める自立した男性になれなかったという点にあり、このように周囲の期待通りに生きられない自身を卑下すると共に、周囲の人々から理解されず強い孤独感を有していたと考えられる。

　親の支援に頼る生活は恋愛にも影響を与え、妹の友人「エレナ（本名、馬場ナカ）」に恋するも彼女の結婚相手に足る資格を得ることができず、「エレナ」は永遠の憧れとして作品に繰り返し登場するようになる。授業では、このように朔太郎が抱える劣等感や孤独感を書簡やエッセイなどの形で示し、作品に与えた影響について作品を示しつつ具体的に紹介する。このように進めると、生徒の作家理解が深まり、作品を読む際に着目すべき表現が見つけやすくなる。

　また、時代背景としては、男性に求められる家長としての役割や、価値観などに触れることで、高校生ではまだ意識しにくい社会的性差についての考えを養う必要がある。朔太郎が当時の社会ではいかに生き辛い性格をしていたのかを捉え、男性として求められているものとのギャップにより生じるコンプレックスに気づかせることができる。

　『月に吠える』は六つの詩篇によって構成され、詩篇ごとに作品の特色が分かれている。そこで、詩篇ごとに特徴を紹介し解釈の助けとなるキーワードを提示することで生徒の理解を助けることができる。ただ、注意したいのは、あくまでここでは分析するための土台を示すのであって、これに外れたものは認めないということではないということだ。生徒の中には教師によって示された内容から外れた解釈を行ってはいけないと誤解する可能性があるので注意したい。

　例えば、「天景」に登場する「四輪馬車」を何と読むかという問いでは、読み仮名がないため「よんりんばしゃ」と読んでいた生徒に、「しづかにきしれ四輪馬車」という詩文のサ行音の連続性から、「しりんばしゃ」と読むことで軽やかな音楽性をもたせる効果があると説明したとする。すると、生徒は「しりん

ばしゃ」が正しいと考えてしまいがちである。しかし、「よんりん」と読むことで頑丈で大型の馬車をイメージさせることもできるかもしれない。そのため生徒には読み方によって作品全体の印象がどのように変わるかを考えさせるようにし、はじめから教師の意見を正解として押しつけることのないよう指導を行わなくてはならない。

(2) 事前学習と授業内活動

　作者と時代背景を踏まえたところで、次に作品の具体的な分析を行っていく。生徒は事前に論評をノートに書いておくとディスカッション後の分析と比較でき、また記述の練習にもなるので望ましい。しかし、実際のところは53篇の詩について、授業の前と後で二度も詳細な論評を書ける生徒はほとんどいないので、事前学習では、テキストに主題と表現技法の指摘を書かせる程度になる。

　この事前学習で行った分析を基に生徒は授業中ディスカッションを行い、自身の考えを深めていく。このディスカッションが最も重要になるため、授業では適宜言葉の解説や思考を促すような声かけを行い、議論が深まるよう支援を行っていく必要がある。グループディスカッションでは、グループごとに着眼点が異なる他、メンバーの力量によって理解度に差が生まれることもある。そのため、良い問いが出た場合にはクラスにその問いを投げかけ考えさせる機会を作ったり、グループ毎にディスカッションを通じて深まった考えを発表し意見を共有したりすることで、全体の理解が深まるような工夫が必要である。

　それでも、解釈が不十分だった部分や、作品背景を知らなければ読み取れない部分、あるいは絶対に押さえておいて欲しい部分については教師が講義を行い取りこぼしの無いようにしていかなければならない。

(3) 授業後の振り返り

　授業を通じて学んだことはノートに論評として記述させる。分量は生徒の負担を考慮し一回の授業につき1ページを目安としている。3作品から4作品の論評を1ページ程度で書くので、主題とそこにつながる主な表現技法とその効果を述べれば十分な量となる。

　また、論評を提出するのが難しい場合には、生徒が作品に直接書き込みを

第2章　「言語Ａ：文学」の授業づくり

行う方法がある。授業では分析を行う際にテキストに書き込むことが多いが、詩をノートに書き写したものや、印刷したものに分析や解釈を書き込み、それを提出するだけでも大きな意味をもつ。

　これは、書き込みによって生徒が作品のどこに着目して分析したのかがわかり、不十分な場合はその部分にコメントをすることができるので便利である。また、この方法は論評を書くことが苦手な生徒でも分析の度合いを示すことができる。

(4) 朔太郎の授業例

　ここからは、実際に作品をどのように分析するかを例示したい。

【例1】「地面の底の病気の顔」

　まず詩集『月に吠える』の冒頭を飾る「地面の底の病気の顔」についてである。この詩集は、基本的には詩編を制作年代順にまとめて配置しているが、この「竹とその哀傷」詩編は、先に書かれた「雲雀料理」詩編より前に置かれている。つまり、この詩編は詩集の顔として配置されたのである。

　それでは、詩集の顔となる作品とはどのような内容か。三連からなる本作は第一連「地面の底に顔があらはれ、／さみしい病人の顔があらはれ」と第三連「地面の底のくらやみに、／さみしい病人の顔があらはれ」によって「さみしい病人の顔」が地面から浮かび上がる様子が強調されている。そして、第二連では地下で「鼠の巣」や「根」と絡み合い震える「髪」が描かれている。

　まず、「地面の底」とはどこか。生徒の活動を見ていると「病気の顔」や第二連の内容については、それぞれ分析を行い自分なりの解釈をもって授業に望むのだが、「地面の底」という表現については見落としがちである。そこで、「地面の底」という表現に着目させ、地面が詩人の内面世界を意味し「底」とすることで内面世界の最も深い部分を表現しようとしていることに気づかせる。

　次に、第二連における髪の毛や鼠の巣、草の根などが絡み合い境界線がわからなくなる様子を生徒に視覚的なイメージとしてもたせるようにする。そして細く絡み合う糸状のものに繊細さを見出し、詩人の感情が神経として表出し、外部と接触しているイメージを生み出していく。

　また、発表当初この作品は「白い朔太郎の病気の顔」というタイトルで、最

78

② 作品の内外から主題を捉える―精読学習(詩)

終連も「地面の底のくらやみに、／白い朔太郎の顔があらはれ／さびしい病気の顔があらはれ。」だった。そのため、生徒には「朔太郎」という個人名を削除した理由について問いかけを行い、作品のもつ問題意識が詩人個人のものから一般化されたことを理解させていく必要がある。

【例2】「竹」

「竹とその哀傷」詩篇の作品である「竹」は、国語教科書にも採択されることが多く、朔太郎の詩の中でも馴染みの深い作品の一つであろう。

「光る地面に竹が生え、」から始まる本作(以下「竹Ⅱ」)は、地上の竹がもつ力強さや健やかさと、地下の根がもつ繊細さや弱々しさが対照的に描かれた作品である。「生え」という連用中止法を繰り返し用いることで連続性を生み、竹の生命力と勢いよく成長する性質を表している。また、このように竹を描くことで外から見た人間と、決して見ることのできない人間の内面世界を描き出している。

『月に吠える』には、「竹」という作品が二作品連続して載っており、詩集に採録されていない同時期の作品にも「竹」を描いた作品が多い。このことからなぜ「竹」が詩の題材として選ばれているのか、また、なぜこのような作品を作るに至ったのかを考えさせる問いかけや解説を行っていく。

「竹」という植物は『竹取物語』や多くの和歌などにも読み込まれてきた文学と関わり合いの深い植物であり、「松竹梅」や「竹を割ったような性格」など竹を用いた言葉の多さからも日本人に馴染みの深い植物であることがわかる。従来、健康的で美しい姿を愛でられてきたこの植物は『月に吠える』でも繰り返し用いられている。このように文化的に多くの象徴をもつ「竹」を「竹Ⅱ」一作のみで分析しようとしても、その竹に込められた意味合いを十分読み解くことはできない。そのため、作品理解のために別の朔太郎の詩である「竹」(以下「竹Ⅰ」)を用いて解釈のための補助線を引いてくる必要がある。

「竹Ⅱ」の前に置かれた「ますぐなるもの」から始まる「竹Ⅰ」では、竹は「ますぐなるもの」「するどき」「凍れる冬をつらぬきて」と地面から勢いよく鋭く天に向かって生えるだけでなく、「懺悔をはれる肩の上より」と、詩人の肉体に生えそこで根を広げている。また、詩集にはこの作品を連想させる挿絵があり、視覚イメージが作品理解を助けている。「竹Ⅰ」では竹が肉体を突き破

るように生えるイメージは痛みのイメージや懺悔という言葉を伴って使用され、詩人の存在を脅かすものとして描かれていることがわかる。

そこで、詩人の存在、つまり生を脅かすものはなにかという問いを生徒に投げかけることができる。生徒は朔太郎の来歴や、これらの作品が作られた時期に病気に罹り悩んでいたこと、そして発表時に「浄罪詩篇」と付記されていたことなどから、朔太郎が抱える「罪」の意識とそれを生み出すコンプレックスに気づくことができる。朔太郎が抱える劣等感は、彼がなろうとしてなれなかった男性像から来るものだと考え、朔太郎を脅かす存在である竹は日本社会が求める男性の象徴と考えることもできる。

このように詩の分析では、複数の作品を関連づけて考えることで、一篇の詩では読み解けなかった意味を発見することができる。

【例3】「恋を恋する人」

「さびしい情慾」詩篇におさめられた本作は、詩集出版に際し「愛憐」と共に風紀を乱すとして発表を差し止められた作品である。風俗濫用と指摘されているが、草むらで男女が性交する姿をイメージさせる「愛憐」とは異なり、性行為を思わせる表現はない。「恋を恋する人」では、「しなびきった薄命男」である「私」が口紅や白粉のようなものをして化粧を行い、服装もコルセットのようなものを身につけ、少女のような仕草をすることで自身を女性に見立てている。そして、男性に見立てた「白樺」の幹にキスし、すがりつくという内容である。この性の倒錯は現代の文学においては規制されるようなものではなく、表現も性衝動を呼び起こすような直接的なものではない。

では、なぜ規制されたのかという問いが生じる。すると生徒は「女装」という行為や、性の倒錯に焦点を当てて作品を分析することができると気づく。また「女装」して「白樺」にすがりつく様子は、社会的に求められる男としての役割を捨て去り、女のように誰かに縋りながら生きたいという詩人の願いを表現していることや、当時の一般的な男性観や女性観を読み取ることができ、その価値観に適合できず苦しむ朔太郎の姿を見出すことができる。

また、詩歌における肉体の感覚を伴う恋愛や性がタブー視されていた例として与謝野晶子『みだれ髪』（1901）が女学校で禁じられたことや、伝統的な和歌の世界での恋愛や性の表現方法などを紹介することで、朔太郎の詩の表

現そのものの新しさを学ぶことができる。

5──評価について

(1)授業内評価

　評価としては、日々のディスカッションの様子や、ノートに書いた論評を使用する。IBは少人数で授業を行うため、グループディスカッションやクラス全体で行うディスカッションで誰がどのような発言をしたかを把握しやすい。そのため、机間巡視を行いながら生徒の発言に耳を傾け、内容を確認していくことができる。

　授業内ディスカッションでは、生徒が作品分析をした際に根拠が述べられているかや、自身の意見を他者にわかりやすく伝える構成になっているかなどを評価の対象としている。また、ノートに論評を書かせ提出させることで、生徒が授業を通じて作品の主題や使用された表現技法の特定とその効果についてどの程度理解しているかがわかり、構成や言語事項などの論評を書く力がどの程度身についているか評価することができる。

　論評を書かせることは、評価だけでなく学習支援を行う上でも大変有効な手段である。IBの生徒は、概ね積極的に発言し、ディスカッションに参加することができるが、時に自身の解釈に自信がなかったり、ディスカッションで主流となった解釈から外れてしまうことを危惧し、発言を控えたりすることがある。その時、ノートに自身の解釈とディスカッションによって深めた解釈を書き記すことで、教師はその生徒の解釈を評価すると同時に、添削を通じてその生徒なりの作品理解の支援を行うことができる。

　この取り組みによって授業前には作品を分析できなかった生徒でも作品理解を深めることができる。また、IOCの前にそのノートを見返すことで試験準備に十分な材料となる。

(2)IOCでの評価

　IOCの評価規準としてHLではコメンタリーに加えディスカッションを行うため規準A～Fの六つの項目がある。作品の主題や背景知識を理解しているかという規準A「詩の知識と理解」、作品で使用された表現技法とその効果を述べる規準B「作者の選択についての認識」、聞き手にわかりやすい構成

が求められる規準C「論評の構成とプレゼンテーション」、規準D「ディスカッションに使用された作品についての知識と理解」、規準E「ディスカッションでの問いかけに対する答え」、口述試験にふさわしい言葉を用い、多様な表現で自身の考えを言い表せるかをみる規準F「言語」である。規準A～Fは各5点で30点満点である（▶**資料編⑥参照**）。

担当教師はIOCを行い、評価規準に則って採点を行った後、プレゼンテーションの試験である「個人口述プレゼンテーション（IOP：Individual Oral Presentation）」の点数（30点満点）と合算し、その平均点を出す必要がある。この平均点を所定のフォームに記入し、試験に関するコメント、IOCの録音、試験で使用した抜粋文と共に国際バカロレア機構（IBO）に提出しなければならない。この学校内部で行った採点はIBOによってモデレーション（評価の適正化）が行われ、評価が適切であったかどうかが確認される。

IOCでは、作品の技法をただ指摘し、羅列しただけでは評価の対象とはならない。生徒はIOCにおいて作品の主題を最初に明示し、それを説明するために各連、各行の意味を明らかにする必要がある。実際にIOCを行うと作品理解が不十分な場合、規準Aの点数が伸び悩むのはもちろん、作品内の表現に関する解釈が深められず規準Bにも影響がでる傾向がある。そのため作品の主題と作家、作品の背景について授業で学んだことを詳細に述べる必要がある。

担当教師は10分間の試験の内、生徒が論評を行う8分間は基本的に生徒に対する支援を行うことができない。そのため生徒が作品を誤読していた場合や、重要な点を見落としていた場合には、2分間の質疑応答によってその部分を補うことが求められる。

6──まとめ

パート2で繰り返し行う詳細な分析は、IBで扱う文学作品のどの場面においても活用できる能力の育成になるが、特に最終試験の「試験問題1」（▶**資料編⑦参照**）との親和性が高い。「試験問題1」では生徒は初見の詩か散文を選択し、HLであれば2時間、SLなら1時間30分で論評を書くことになる。この時に求められるのは、パート2の学習で繰り返し行ってきたここと同様、

作品の主題を掴み、作者がどのような意図で表現を行っているかを論理的に述べる力である。パート2での学習と異なり、作家に関する情報は与えられておらず、作者名と書名、発表時期が情報として示される程度であるため、作家や作品背景については、発表年代から作家が過ごした年代がいかなるものか推測し、論評を書くこととなる。この時、パート2の学習で身につけた分析力が発揮されるはずである。

　詩の分析は言葉をそのまま捉えるだけではなく、その言葉を通じて詩人が何を伝えようとしたのか考えなければならない。そのため学習を始めた当初は、苦手意識をもつ生徒もいる。しかし、言葉一つ一つの重みを感じ、主題を掴むことで目の前の作品が別の顔を見せるという体験をすることで、生徒の言葉に対する認識は変わっていく。このような体験のできる授業づくりは生徒の学びの上で重要である。

（野村春佳）

【参考文献】
磯田光一（1987）『萩原朔太郎』講談社
坪井秀人編（1988）『日本文学研究資料新集24、萩原朔太郎・感情の詩学』有精堂
田村圭司編（2003）『日本文学研究大成　萩原朔太郎』国書刊行会

第2章 「言語Ａ：文学」の授業づくり

③ 作品を比較・対比させて論じる
——ジャンル別学習（小説）

▌キーワード▐　パート3：ジャンル別学習・文学的表現技法・
　　　　　　　比較／対比・設問への対応

▌作品・作家▐　夏目漱石『三四郎』・安部公房『砂の女』

1——パート3「ジャンル別学習」の概要

　「言語Ａ：文学」のパート3「ジャンル別学習」では、「指定作家リスト（PLA）」
（▶資料編①参照）の同じジャンルから、標準レベル（SL）は3作品、上級レベ
ル（HL）は4作品を選んで学習する。「ジャンル」とは詩や戯曲、小説、随筆な
ど文芸における分類である。

　パート3の学習のねらいについて、国際バカロレア機構（IBO）の『「言語Ａ：
文学」指導の手引』（p.26、以下『手引き』）には「伸ばす能力」として、「学習す
る作品についての知識と理解を身につける。」「学習するジャンルの文学的表
現技法について明確に理解する。」「学習するジャンルにおける文学的表現技
法を通じて、どのように内容が伝えられているかを理解する。」「選択された
複数の作品の類似点と相違点を比較する。」が挙げられている。

　このうち、「作品についての知識と理解」と「文学的表現技法」の理解につい
ては、「言語Ａ：文学」のすべての学習に共通している。パート3で留意すべ
きは、「学習するジャンル」における「文学的表現技法」の特徴をふまえるこ
と、「複数の作品の類似点と相違点を比較」することである。これは、パート
3の評価である最終試験の「試験問題2」（▶資料編⑦参照）と対応しており、
「少なくとも2作品について、類似点と相違点を比較し対比する」（『手引き』
p.37）ことが要求される。したがってパート3では、ジャンルの特徴をふま
えて作品を比較・対比し、論述する力を養うことが肝要である。

2──パート3における教材化・授業づくりの留意点

(1) 教材の選択

　パート3の作品選択では、ジャンルの特徴を意識し、他の作品との「類似点と相違点の比較・対比」が十分にできるかどうかが特に重要である。ある程度類似したテーマを意識し、文学的表現技法の特徴という観点からバリエーションをもたせるように教材を選んでいく。教材はPLAからすべて選ぶ。リストには、古文を含めた幅広いジャンルの作家が載せられており、性別や時代等のバランスも考慮に入れて選択する。IBOの『「言語Ａ：文学」教師用参考資料』(pp.20-21、以下『教師用資料』)には、選択に際して留意すべき点が、表1のようにジャンルごとに示されている。

▼表1：各ジャンルの作品の選択に関する参考例

詩	・音と意味の関係について論じるために、定型脚韻詩と定型韻律詩などの形式の異なる詩の組み合わせを選択。 ・詩人(ロマン派、近代派、神秘派、哲学派)など、異なる文芸運動またはアプローチを代表する詩人をグループ分けすることにより組み合わせを生成。
戯曲	・演劇──共感できる主人公あるいは主唱者とその競争相手が敵対する力関係を描いた政治的な劇、主人公とその競争相手が象徴的な関係にある哲学的な劇、または競争相手に共感できる哲学的な劇、または競争相手が主人公の邪悪な面を暴く哲学的な劇(ポイントは、主人公と相手との異なる組み合わせ)。 ・哲学劇、政治劇、表現主義および古典的な劇におけるスピーチの使用──組み合わせのポイントは、スピーチが劇中にどのように挿入されているかと、それがもたらす効果の違い。
小説および短編小説	・小説──介入的な語り手、信頼できない語り手、複数の語り、主人公でない登場人物による一人称の語り──組み合わせのポイントは、対照的な語り。 ・歴史上、現代、外国および未来を舞台にした短編小説──組み合わせのポイントは、異なる情景を作者がどのように、そして何の目的で用いているかについて。
小説以外の散文	・旅行記──作者と出来事(年代順)、著者が見ているもの(場所)、作家が場所に鋭い視線を投げかけているもの(現在と過去の間を移動)、作家が見えるものに重要な意味を与えているもの(哲学的)──ここでの組み合わせのポイントは、作品の構成方法の違い。 ・随筆──ユーモアのあるもの、目から鱗が落ちるようなもの、哲学的なもの、科学的／宗教的なもの──視点や語り手が異なることを比較するために、自伝または伝記の組み合わせにすることも可能。

第2章 「言語A：文学」の授業づくり

(2) 具体的な教材選択

実際に教材として選ばれた作品を、小説を例に紹介する。以下の四つの例は、IB校で「言語A：文学」の担当者が選んだHLの作品である。

　①『砂の女』『斜陽』『華岡青州の妻』『たけくらべ』

　②『こころ』『伊豆の踊子』『沈黙』『キッチン』

　③『華岡青洲の妻』『斜陽』『キッチン・満月』『銀河鉄道の夜』

　④『こころ』『キッチン』『源氏物語(桐壺・若紫)』『城の崎にて・小僧の神様』

担当者は、それぞれ共通するテーマとして①「家族」、②「出会いと再生」、③「生き方」「死」、④「生死」「ひとの心」を意識している。ただし、明確なテーマを設定した後に作品を選択するよりは、魅力的な作品を核に他の作品を決めたり、選びながら作品に共通するテーマを考えたりするという。指導経験の豊富なある教師は、「教材を選ぶ際に、『文体』『人称』『語られ方』など、敢えて特徴が異なるものを選ぶ」ことが重要であると指摘する。これは、すでに述べたように、実際に試験で比較・対比して書くときに、作品の文学的表現技法の特徴を明確に書き分けられるようにするためである。

このように、パート3では比較・対比が十分できるように、緩やかな共通テーマをもって、様々な分析や解釈に十分に耐え得る優れた作品を選び、作品分析の観点からは多様性をもたせることが重要である。

(3) 授業づくりの留意点

①学習のねらいと評価規準を確認させる。

最初に学習のねらいと評価規準を示し、パート3で身につける力と学習の留意点を明確にする。ジャンルの特徴をふまえて作品の文学的表現技法を理解し、作品の類似点と相違点を比較・対比し、小論文として表現するという一連の学習の中で、どのようなスキルを習得するのかを生徒に認識させる。

②生徒の独自の視点や読みを大事にする。

「言語A：文学」では、生徒が主体的かつ論理的に独自の読みを展開することが奨励されるが、「試験問題2」においても、「トピックに関する独自の見解を示す必要」(『教師用資料』p.8)があると明記されている。そのため、初読の感想を大事にし、生徒が自分自身で考え、ディスカッション等を通して深めることを意識させる。インターネット上の作品解説等に安易にアクセスし、

86

最初から他人の読みに頼ることは、自身の発想や思考力を奪うということを十分理解させることが大切である。また、「言語Ａ：文学」では、個人的な経験から登場人物を解釈することも奨励される。したがって生徒自身の文化的背景や経験を積極的に共有するような活動を行うのだが、そのための場や関係づくりが重要であることは言うまでもない。

③ジャンルの特徴を意識し、作品について優れた知識と理解を得させる。

　小説を例に、過去に最終試験で出題された問題や、『教師用資料』を参考に、注目すべきジャンルの特徴や文学的表現技法を挙げてみると、「冒頭文」「時代背景」「場の設定」「語り」「視点の設定」「登場人物造型」「家族構成」「構成」「登場人物の属する社会」「身振りや動作」「会話文」「エピソードの挿入」「事件」「伏線」「時間の流れ」「イメージやシンボルやモチーフ」「自然描写」など多岐にわたる。また、「葛藤」や「旅」といった内容についても問われている。したがって、作品ごとにジャンルの特徴と表現技法、効果について意識し、徹底した理解が必要である。また、「知の理論（TOK）」と関連させる場合についても、ジャンルの特徴を意識するような問いを考えるとよい。学習活動として、グループディスカッションやプレゼンテーションのほか、ジャンルの特徴や文体への理解を深めさせるために、同じトピックを用いて異なるジャンルで文章を書くことや、関連するジャンルにおける創作、ロールプレイ、教材のパロディまたはオマージュ、教材の映画化における表現の検討などが推奨されている（『教師用資料』p.22）。

④類似点と相違点を比較・対比させる。

　パート3の作品の学習が2作品以上終わったら、作品相互の類似点・相違点を分析し、比較・対比させるような学習活動が可能になる。生徒同士で、共通するテーマや表現技巧について、さらに相違点は何かを話し合わせる。『教師用資料』には、「鍵となる問い」として、「この作品は、どのような点でそのジャンルを代表する作品なのか。」「何が作品Ａ、Ｂ、Ｃ、またはＤを相互に結びつけているのか。」「作者たちがそのトピック／結びつきにアプローチした方法はどのように異なるか。」（『教師用資料』p.21）が示されている。

⑤問題に正対して論じさせる。

　パート3の評価である「試験問題2」では、設問に明確に対応して論ずるこ

第2章 「言語Ａ：文学」の授業づくり

とが重要である。「試験問題2」では、ジャンルごとに設問が三つ示され、内容や文学的表現技法の効果を比較・対比しながら論じることが要求される。生徒は、設問から一つを選び、授業で学習した作品から少なくとも2作品について、類似点と相違点を比較・対比して論述する。

　評価規準の詳細は後で述べるが、「設問に対する理解と対応」の重要性が明記されている（『手引き』p.59）。つまり、どの作品を用い、どのような特徴を挙げて設問に応ずるのか、論文の構想力をつける必要がある。そのためには、構想を論理的に説明するようなトレーニングが有効である。また、試験では本の持ち込みは禁止であるため、作品の内容や引用は記憶に頼ることになる。効果的な例示ができるように、日頃から解釈のアイデアや引用したい表現をノートに整理する等の工夫が必要である。

⑥小論文の演習とフィードバックを行う。

　最後は、実際に小論文を書く。評価の要素として、内容理解、論の一貫性や構成、言語といった点は他のコメンタリー（論評）と同じであるが、「試験問題2」では、設問に正対し、比較・対比を明確に意識することをあらためて意識させる。

　論文の構成に明確な型はないが、序論、本論、結論を明確にし、様々な設問に柔軟に対応できるように演習でいくつかのパターンを経験させる。構想を十分に練り、時間内で設問に正対しながら、明確かつ効果的に比較・対比を示すスキルを身につけさせる。フィードバックは教師からだけでなく、評価規準を元に生徒に相互批評させ、問いに対する応答の明確さ、類似点や相違点の示し方、論文全体の構造、言語レベルなどを、主体的に意識させる。

3──作品の類似点と相違点の検討─『三四郎』と『砂の女』を例に
(1)教材と共通テーマについて

　以下では、『三四郎』と『砂の女』を教材例として検討する。この教材は、2016年7月に行われたワークショップの課題として取り組んだものである（「国際バカロレア（IB）『日本語Ａ：文学』のためのワークショップ」ICU教育研究所主催）。『三四郎』と『砂の女』ワークショップのメンバーは、高松美紀（東京都立国際高等学校）、津村美穂（シンガポールISSインターナショナルス

クール）、冨田千暁（玉川大学大学院）、齋藤万里（仙台育英学園高等学校）、Lisa Han（ソウル龍山国際学校）である。ここでは、参加者が半ば生徒として議論したものを下敷きに、教材化の試みを提示する。

夏目漱石の『三四郎』は、明治41（1908）年に新聞連載された近代小説である。熊本から上京した三四郎が、大都会東京を舞台に美禰子を含めた様々な人々と出会い、混迷する姿が描かれる。一方、安部公房の『砂の女』は、昭和37（1962）年に書かれた前衛的な現代小説であり、作品の舞台は謎の砂丘の集落である。東京から来た「男」は砂の家に女と幽閉され、逃亡の失敗や女との生活の中で、男の存在証明は引きはがされ、実存が捉え直されていく。

まず、二つの作品に共通するテーマを検討した。無論正解などはなく、参加者は、生徒と同じように、作品の類似点、相違点等について独自に考えた。挙げられた共通テーマは、「存在証明」「女によって影響される男」「主人公の『語り』とは別の『語り』の混在」「ある意味での『成長』」「新しい世界に翻弄される」「変化する自己存在や世界観」「質感をもって描かれるのに曖昧な女の像」など、内容や表現技巧の様々な観点から意見が出された。

さらに、その挙げられたテーマがなぜ共通（類似）といえるのか、自分の視点について相互に説明し合った。例えば、「成長」と捉えた参加者は、「『三四郎』は明らかに都会で成長しているが、『砂の女』の男も、生きる貪欲さに目覚めたり、人生について捉えなおしたり、これまでのものを剥がれた者の成長といえる」と説明した。このように、実際の授業でも、生徒同士で共通点やその理由を説明し合うことで、作品分析の視点を得、論理的に表現するスキルにつながる。また、「登場人物」「構成の特徴」「主題」「象徴」など、技法やテーマごとに二作品の特徴や類似点・相違点を表に示したり、絵や図示などビジュアルにして示したりする学習案も出た。

(2)作品分析の試み――類似点と相違点

次に、二つの作品の類似点と相違点をどのように捉えるのか、『三四郎』と『砂の女』を例にして具体的に検討を試みる。ここではワークショップの参加者から出されたアイデアの中から、表現技巧と内容について視点を一つずつ提示して、類似点と相違点を検討する。

第2章　「言語Ａ：文学」の授業づくり

①「語りと視点」（表現技巧として）

　『三四郎』、『砂の女』は、いずれも基本的に三人称の語りで視点人物が主人公であることが共通する。実際の試験では、違いが顕著な作品（一人称の語りで視点人物が複数の夏目漱石『こころ』や、「信頼できない語り手」である芥川龍之介『藪の中』など）との比較がより効果的と考えられるが、ここでは、語りの型が共通していることを確認した上で相違点を検討する。

　『三四郎』は基本的に三人称の語りで、主人公三四郎の視点から物語が進行し、冒頭から徹底して三四郎が見聞きした範囲でしか情報は明かされない。他の登場人物の内面は描かれず、三四郎は周囲の言動に振り回される。例えば、三四郎は、野々宮の買ったリボンと美禰子のものが同じだと考え出して気が重くなる。美禰子の言葉に「故意に自分を愚弄した言葉かも知れない」と一人赤くなる。しかし、美禰子の本意は結局読者にも明かされない。「迷える羊（ストレイシープ）」という美禰子の言葉は、三四郎にも読者にも謎を残したまま作品は終わる。つまり、三四郎の視点から語ることで、読者は三四郎とともに都会に出、三四郎を通して近代化していく社会や新しい生き方に触れ、個を探す青春の迷いを共有し、物語の終盤までともに彷徨することになる。

　『砂の女』も、語りは三人称で始まり、主人公の「男」が視点人物である。読者は男の視点から部落や女、砂の世界を徐々に認識し、スリリングな物語の展開は読者に明かされず、緊張感が高まる。つまり『三四郎』も『砂の女』も、読者は基本的に主人公と同じ情報しかもたず、ともに物語の展開に従って新しい世界に巻き込まれていくという点で共通している。

　しかし、『砂の女』では、三人称の語りの中に混在する一人称の語りの特徴が『三四郎』と異なる。『砂の女』では、男の感覚や思索がより直接的に語られる。例えば、「目がさめた。ねばねばと、舌のつけねで、熱いにかわが融けている。」「……水がほしい！……」などの描写は、生々しく読者に身体感覚を呼び起こす。また、「とたんに、重大な思い違いをしていたことに、気づかされたのだ。おれの解釈は、どうやらあまりに一方的すぎたようである。」など、男の思考の変遷を読者に辿らせる。このように、読者は五感で砂や女を感じ、男の混乱や閉塞感、興奮や絶望を共有し、最終的に穴の中に残る決意を見届ける。主人公の人称も、『三四郎』では基本的に一貫して「三四郎」であったの

③ 作品を比較・対比させて論じる―ジャンル別学習（小説）

に対し、『砂の女』では、「男」「彼」から、頻繁に一人称の「おれ」や「自分」に転じ、男との一体感を高める。つまり『砂の女』では、より感覚的に男の体験と思考を共有させ、一体化させることによって、テーマである日常と非日常の反転や実存の変化を、読者に巧妙に納得させていくことに成功している。

　さらに、『三四郎』と『砂の女』では、語り手の介入の仕方が異なる。まず『三四郎』では、第三者である全能の語り手が三四郎の人物像を直接的に操作、評価している箇所が随所にみられる。例えば、「三四郎は勉強家というよりむしろ低徊家」「三四郎はあまり嘘をついたことのない男」「三四郎は人がいいから」など、明確な形容をもって三四郎のナイーブで木訥とした人物像を形成している。この第三者的な評により、読者に主人公から距離を取って高い位置から眺めさせ、都会に出て「新しい女」や近代的な生き方に触れて自我を揺さぶられる若者の姿を客観的に認識させる効果を生んでいる。

　一方『砂の女』では、読者が物語の外側から舞台を見るような効果が仕組まれている。例えば、冒頭と末尾に示される、男の失踪を示す公文書である。読者は、現実世界から非日常的な舞台を鑑賞するように、消えた男の物語を覗くことになる。物語の最中にも、「間もなく、水あびなどが何の役にも立たないことを、いやというほど思い知らされるのである。」などの予告が入る。これによって、読者は男との一体感からいったん切り離され、観客の目線に立ち返る。第二章の冒頭「ジャブ　ジャブ　ジャブ　何の音？　鈴の音」という女の唄も、読者に男の感覚を共有させつつ、観客としてステージの幕開きを期待させる戯曲的な演出といえよう。つまり、『砂の女』において、読者は主人公と一体化しつつ、傍観者である観客との間を往還することになる。

　以上のように、『三四郎』と『砂の女』は、三人称の語りを主人公の視点から展開することによって、読者を主人公と一体化させて作品世界に巻き込み、それぞれのテーマに現実感をもって迫ることに成功している点において類似している。しかし、一人称の語りの特徴や、語りの介入の仕方は異なり、『三四郎』が読者を一段高い余裕のある位置から、近代の自我に悩む青年の姿を眺めさせたのに対し、『砂の女』では、主人公と観客の間を往還させ、日常と非日常の世界との反転や実在に対する認識の変化を、読者自身に越境感覚として迫らせている。

第2章　「言語Ａ：文学」の授業づくり

②新たな世界との出会いと自己の獲得（内容として）

　『三四郎』と『砂の女』では、いずれも主人公が異なる価値観をもつ別の世界に入って女に出会い、新たな自己を獲得していく。その過程で、元の世界を回想し、比較する様子が描かれるという点が類似している。

　『三四郎』は、熊本の高等学校から東京帝国大学に入学するために上京し、新しい近代的な空気に触れる。東京のすべての事物が三四郎を驚かせ、混乱させる。特に人との出会いは、三四郎にこれまでの己を振り返らせ、新たな考え方を与える。例えば菊人形を見た際に、乞食に対する他の者達の評が「自分が今日まで養成した徳義上の観念」と異なることに驚くが、彼らの方が「己に誠」であり、「都会人種である」ことを悟っている。ここには、新たな価値観を前に自身の価値観や考え方が揺らぐ人間の姿が明確に描かれている。

　三四郎は東京に来て、母の居る故郷の世界、広田先生や野々宮のいる学問の世界、そして美禰子のいる煌びやかで深厚な世界の「三つの世界」を獲得した自分を夢想し、すべての世界との関係を保とうとする。しかし、三四郎が恋慕した美禰子は結婚し、物語の最後で東京の登場人物はよし子を除いて全員集合し、三四郎は迷い続けることで幕が下りる。つまり、『三四郎』において、主人公は新しい世界と出会って迷うが、その迷いをどう処理するのか、三つの世界との関係をどう調整するのか、という結論は示されない。「三部作」の最初の作品として、『三四郎』は新しい価値観の中で動揺し、彷徨する姿までが描かれ、次の『それから』『門』に引き継がれていく。

　『三四郎』が都会へ出て新しい世界の窓を開いていくのに対し、『砂の女』では、都会の教師である主人公が、辺境の集落の砂の家に幽閉され、世界が閉じられていく、という点で逆の空間構造をもつ。さらに、『三四郎』が実在する都市や大学を舞台にし、明治期の東京の風俗を具体的に描いたのに対し、『砂の女』の舞台である砂の集落は虚構である。集落は非現実的な価値観とシステムをもち、登場人物は固有の名前ではなく「男」「女」「老人」「村人」「あいつ」「メビウスの輪」などと呼ばれる。

　しかし、『砂の女』は、新たな世界で自己を変化させるという点で『三四郎』との類似が見られる。砂の世界では男の常識や価値観は全く役に立たず、女との会話はかみ合わない。脱走劇と失敗、女との異常な日常世界の中で、男

92

の旧世界での存在証明は剥ぎ取られ、男の存在自体が揺らいでいく。そして、物語の最後で、男は遂に訪れた脱出の機会を利用せず、一人穴に残る。男には自由を手にしている認識があり、発明した溜水装置を誰かに話したいという純粋な欲望を抱く。つまり、現実世界から切り離された異常な砂の世界で、男は新たな自己存在の感覚、実存を獲得したのだといえる。三四郎が近代の真ん中で彷徨して終ったのに対して、『砂の女』の男は最後に、自分の本質に還元されたかのように、新たな世界に落ち着いている。

　また、『三四郎』と『砂の女』は、ともに新しい女に出会う際に、前の世界の女を思い出す点が共通するが、意味するものは異なる。三四郎は、汽車の女や美禰子と接した際に故郷の「三輪田のお光さん」を思い出し、顔立ちや生き方を比較する。三四郎はお光さんを押しかけ許嫁のように迷惑がりながら、女を見る基準は依然お光さんなのである。『三四郎』では新旧の世界と価値観が二項対立的に描かれるが、こうしたお光さんへの言及は、旧に根を残しながら、新しい世界に惹かれる三四郎を表現しているといえる。一方『砂の女』では、第一章で男の社会的アイデンティティーが提示されるが、第二章の男の回想にしたがって具体的な人物像が徐々に明かされる。「メビウスの輪」や「あいつ」の回想は、男が帰還を望む元の世界が、実は男にとって無味乾燥な世界であることを暴く。お光さんと違い、「あいつ」は男との関係を語る。「商品見本を交換しているようなもの」と言い切り、男を「精神の性病患者」と呼ぶ。この関係は、砂の女との生々しい実感をもった関係と対極的に描かれている。つまり、『砂の女』における元の世界の回想によって、非現実的な砂の世界や砂の女こそが、男にとって実感をもって触れられ、生きられるものであることが示されている。

　このように、『三四郎』と『砂の女』は、いずれも主人公がこれまでと異なる価値観の世界に入って混乱し、新たな自己を獲得していくという点で類似している。しかしその自己の行方は異なる。すなわち、三四郎が外へ広がる近代の中で彷徨し、どこへ行くのか不明瞭に終わったのに対して、砂の「男」は閉じられた世界に籠もり、ある点へ逢着したといえる。そして、元の世界や女の回想についても、『三四郎』では、主人公の多層化した世界や、新旧の二項対立と葛藤を示すのに対し、『砂の女』では、男がたどり着いた実存の世界

第2章　「言語Ａ：文学」の授業づくり

を際立たせているといえる。

4──評価について

　学習評価は、学習全体を通して様々な方法で行われる。グループディスカッションやプレゼンテーション、多様なアクティビティには、形成評価として適切なフィードバックを与え、生徒の理解やスキルの向上をはかる。

　最終評価の「筆記試験2」は、外部評価として世界共通の最終試験で行われる。答案は、IBOに送られ、試験官が採点する。パート3の配点は全体の25％で、解答時間はSLが1時間30分、HLは2時間である。

　評価規準は、規準Ａ（知識と理解：5点）、規準Ｂ（設問に対する答え：5点）、規準Ｃ（当該ジャンルの文学的表現技法についての認識：5点）、規準Ｄ（構成と展開：5点）、規準Ｅ（言語：5点）、合計25点である（▶**資料編④参照**）。

　さらに、評価規準の最高点の記述を見ると（詳細は『手引き』p48-50、p58-60参照）、Ａ「設問との関連において」、Ｂ「設問の主な含意と微妙な内容について」「設問との関連で用いられた作品について、効果的な比較」、Ｃ「文学的表現技法の例が（中略）設問、または使用された作品（あるいはその両方）への明白な関連性をもって効果的に展開」とあり、「設問との関連」が強調され、文学的表現技巧と比較が意識されていることが窺える。Ｄでは「構成、一貫性、展開」、Ｅでは「言葉遣い」「文法、語彙、文章の構成」「レジスター（言語使用域）とスタイル（文体）」などが評価規準に明示されており、学習の留意点があらためて確認できる。

5──補足・他教材への応用例など

　本稿では、パート3の小説の例として、近代小説『三四郎』と現代小説『砂の女』の比較を試みたが、このような比較の視点は、近現代の小説だけでなく、古文においても応用可能である。

　例えば、『源氏物語』「夕顔」では、「謎の」女とのやりとり、女と過ごす非日常的な（これまで源氏の馴染んできた世界と異なる）時間が描かれる。その中で、前に自分がいた世界や別の女を回想するシーンがあり、前に述べた『三四郎』や『砂の女』と共通するのではないだろうか。また、「資料編⑦」として本書に

94

③ 作品を比較・対比させて論じる―ジャンル別学習（小説）

掲載している「試験問題2：○物語・小説」の問題例に沿って検討すると、問題例1の「登場人物の身振り・動作」で、池の面を見つめる三四郎や、雲を見つめる美禰子の仕草やまなざしに、彼らの内面やメタファーを読み取り、廃院に向かう源氏や夕顔を描く効果との類似性を見ることはできないだろうか。問題例2の「視点」では、主人公の視点で描くことの効果とともに、描かれなかった女の視点、『三四郎』の美禰子や『砂の女』の女、夕顔の視点から物語を検討することによって、物語の主題や視点の設定による効果を説明することが可能であろう。問題例3の「時間の流れ」については、『三四郎』『砂の女』『源氏物語（夕顔）』すべて、時系列に物語が展開しながら、場面によっては細やかな描写や語り、回想によって時間の流れが変化する。その緩急がもたらす効果について論の展開が可能である。

　小説以外のジャンルでも、ここで示した学習の要点は応用できる。例えば戯曲においては、脇役の人物造形と意味、台詞の特徴、ト書きの書かれ方、主題を効果的に見せるための舞台構成、小道具などからジャンルの特徴をふまえた比較・対比が可能であろう。戯曲では、ジャンルの特徴を生かして、実際に演じたり、朗読をしたり、舞台や映画で表現された解釈との相違点について議論をするなどの活動が、生徒の作品理解を深めると考える。

　以上のように、パート3では、どの作品やジャンルにおいても、ジャンルの特徴を押さえること、最終試験の評価方法と規準をふまえて、文学的表現技巧や内容について十分な理解をさせること、設問に明確に対応して比較・対比するスキルを育成すること、などを重視した学習活動をデザインすることが求められる。こうした作品の比較・対比を検討する学習によって、生徒の文学的技巧や作品に対する読みが深くなり、ある視点をもって作品を読み、批判的に考え、論理的に表現する力を育成することが期待できると考える。

(高松美紀)

【作品引用】
夏目漱石『三四郎』新潮文庫(1948発行、2011改版)
安部公房『砂の女』新潮文庫(1981発行、2003改版)

第2章 「言語Ａ：文学」の授業づくり

④ プレゼンテーションに向けて作品を研究する──自由選択（古典）

| キーワード | パート4：自由選択・古典文学・近世・概念・典拠比較 |

| 作品・作家 | 井原西鶴「大晦日は合はぬ算用」（『西鶴諸国はなし』所収）・太宰治「貧の意地」（『新釈諸国噺』所収） |

1──パート4「自由選択」の概要

　「言語Ａ：文学」の四つのパートの中でパート4「自由選択」はその名称の通り、最も指導側の自由裁量があり、生徒は授業者が自由に選んだ3作品を学習する。そのため、パート4は「指定翻訳作品リスト（PLT）」や「指定作家リスト（PLA）」（▶資料編①②参照）に縛られずに作品を選定することができる。ただ、上記のリストには作品を選ぶにあたっていくつかの条件が提示されており、例えば、「言語Ａ：文学」の上級レベル（HL）では、コース全体を通して、PLAに掲載されている作品のうち四つの異なるジャンルの作品を扱う必要がある。よって、他のパートで扱えなかったジャンルはこのパートで扱うこととなる。日本文学の場合、「指定作家リスト」におけるジャンル分けは「物語・小説」「随筆・評論」「詩歌」「戯曲」となっており、他のパートで「物語・小説」「随筆・評論」ばかりを選択していた場合には、「詩歌」「戯曲」などをこのパートで扱う必要が生じる。さらに、パート4はディプロマ・プログラム（DP）の最終試験における「内部評価」（▶資料編⑤参照）の対象となっており、生徒は作品についてのプレゼンテーションを行わねばならない。そのため対象となるテキストを選定し、教材化するためには以下のような点に注意が必要となると考えられる。

　　・生徒がプレゼンテーションを行うため多面的な切り口が可能である。
　　・作品の背景や作者についての情報を、生徒が十分に調査しやすい。
　　・時代や国・地域を超えて別のメディアや作品への影響を考えられる。

また、パート4では「学習する作品についての知識と理解を身につける。」「学習する作品について、独自の考えを提示する。」「口述プレゼンテーションを通じて表現力を身につける。」「聴衆の関心を集め、興味を引く方法を身につける。」といった生徒の能力を伸長することがねらいとされている（『「言語A：文学」指導の手引き』p.27、以下『手引き』）。

　もちろん作品に関するプレゼンテーションを用いた授業は日本の教育課程でも行われていることではあるが、「言語A：文学」においては、そのねらいと最終試験の評価を鑑みて慎重に教材を選定することが必要である。なおパート4のHLの授業時間は3作品で45時間を目安として設計することとなっている。3作品に対して使用する時間は完全に平等である必要はないが、それぞれの作品の学習に対して十分な時間をとる必要がある。本稿では、このようなパート4の特徴をふまえ、一例として古典の『西鶴諸国はなし』の教材化を紹介する。

2──『西鶴諸国はなし』「大晦日は合はぬ算用」の教材化
（1）DP教材としての「古典」

　はじめに「言語A：文学」における古典の扱いについて概説しておくこととする。PLAにおける作品の時代区分は「上代～中世」「近世」「近代（第二次世界大戦終戦まで）」「現代（第二次世界大戦終戦後）」の4区分となっている。注目すべきはやはり古典の時代区分が「上代～中世」と「近世」という形で二分されている点であろう。「言語A：文学」の作品選択については、コース全体を通して三つの異なる時代を含めなければならないという条件がある。つまり「言語A：文学」において、生徒は「古典」に必ず取り組むよう条件づけされている。

　PLAに掲げられている作家や作品は当然「上代～中世」のものが多いが、時代として「近世」を特化しているだけあり、日本の教科書に掲載されている芭蕉や西鶴・秋成・宣長などの作品以外にも、鶴屋南北の歌舞伎や近松門左衛門の浄瑠璃などを扱えることになっている。ただし、これらのリストに漢文は含まれていない。日本の高校生が学習する漢詩や漢文は「中国文学」として扱われるため、日本語の「指定作家リスト（PLA）」ではなく、「指定翻訳作

第2章 「言語A：文学」の授業づくり

品リスト（PLT）」の中に含まれている。例えば『論語』や『道徳経』、『西遊記』などはその一例である。これらは翻訳作品としてパート1で選択し学習することが可能である。またPLT以外であっても、パート4の自由選択の作品として漢文作品を選択することも可能である。しかしいずれの場合も、学習内容は訓読法や現代語訳をすることよりも文化的、あるいは歴史的背景を鑑みながら読解することに重きが置かれる。

(2)西鶴作品の「言語A：文学」教材としての価値

さて本稿で取り上げる貞享2（1685）年刊行の井原西鶴『西鶴諸国はなし』巻一の三「大晦日は合はぬ算用」は、教科書に採録される機会の少ない近世文学の中で、比較的頻繁に高校古典の教科書に取り上げられる作品である。近世は日本の古典文学を考える上で大きな転換期である。出版技術が発展・発達し、市場経済社会を支える大多数である広義の町人層が作品を享受する読者となった時代、特にその市井に生きる人々の姿を描いた作品として「浮世草子」のもつ意義は大きい。西鶴の作品はその中でも、近世以前の古典文学からの影響を受けつつ、西鶴以後の作品や近代小説に影響を与えた作品として知られている。

PLAでは、井原西鶴の名前を「物語・小説」の作家として挙げており、扱いは近現代の作家と同様である。西鶴の作品については、『源氏物語』や『平家物語』のように扱うべき章段の数も限定されておらず、どの作品を選ぶかは授業者にゆだねられている。言い方を変えれば扱うパートや目的によってどの作品を選択するかの自由が許されているということでもある。

さて、そうした西鶴の作品は「言語A：文学」の教材としていかなる意義があると言えるのか。以下に「言語A：文学」の教材という観点から見た西鶴作品の教材価値についておおまかなポイントを挙げておきたい。

・時代背景、特に近世の世相からの読みが可能である。
・近世以前の古典との比較が可能である。
・近代小説への影響と比較という視点の設定が可能である。
・挿絵の役割を考えることが可能である。
・「語り手」「はなし手」の役割を捉えるための糸口が多くある。
・俳諧師独特の文体の特徴を捉えるようなアプローチが可能である。

④ プレゼンテーションに向けて作品を研究する—自由選択（古典）

　このように西鶴作品は「言語Ａ：文学」に取り組む高校生にとって、読解や研究の入り口が多く見つかる作品である。また、いわゆる平安古典文法が当てはまらない分、細かな文法にこだわらず読むことが可能であり、現代の読者にとって比較的読みやすい文体となっていることも、高校生が取り組む作品として適切な面をもっていると言ってよいだろう。

　さらに『西鶴諸国はなし』については独自の重要な点がある。それはこの作品が扱う「概念」である。この作品には各巻ごとに目録が付されているが、目録には章段ごとの主たる題（タイトル）以外に、漢字1～3字からなる概念的な副題が付けられている。例えば巻一の一「公事は破ずに勝　奈良の寺中にありし事」の副題は「知恵」となっている。そして本稿で取り上げる巻一の三「大晦日は合はぬ算用　江戸の品川にありし事」の副題は「義理」である。国際バカロレア（IB）の学びにおいて「概念」がいかに重要であるかはDPよりもむしろMYP（中等教育プログラム）の指導にあたることで実感されるであろう。MYPの単元設計は探究的な問いや命題、そして「重要概念」と「関連概念」を中心になさねばならない（▶ **pp.26-27参照**）。ここで詳述することは避けるが、MYPでの概念的な学びは、やがてDPにおける「知の理論（TOK）」へと関連・昇華されていく。そうした点から見ても、『西鶴諸国はなし』は「言語Ａ：文学」の教材として最適な面をもっていると考えられる。参考に本作品の副題の一例を以下に掲げる。

　もちろんすべてが概念であるわけではないが、「知恵」「不思議」「義理」「因果」「欲心」などは、近現代文学にも通じる概念であり、他作品との比較や関連を意識する際にも有効な手だてとなるはずである。

▼『西鶴諸国はなし』副題例

巻	副題
一	「知恵」「不思議」「義理」「慈悲」「音曲」「長生」「恨」
二	「因果」「遊興」「報（むくい）」「仙人」「隠里」「現遊」「欲心」
三	「武勇」「無常」「馬鹿」「夢人」「無分別」「名僧」「敵打（かたきうち）」

第2章 「言語Ａ：文学」の授業づくり

3——作品の教材化と授業づくりの実際

(1)比較のテキストとその意義

　さてここからは、実際に『西鶴諸国はなし』「大晦日は合はぬ算用」を教材として どのような授業づくりが可能かについて検討していきたい。この作品は 数社の「古典」の教科書にも採録されているように、単独でも教材として使用 できるものであるが、パート4のねらいを鑑みた場合、他作品との比較を取り入れた学習活動が効果的だと考えられる。他作品との比較や関連づけについての重要性は、『言語Ａ：教師用参考資料』(pp.5-6)にも以下のように述べられている。

　　コースを構成する上で教師が気をつけなければならないのは、あらゆる 機会を通じて、文脈、スタイル(文体)、構成、テーマなどの類似点や相違点を比較し、作品間の関連性を論じるよう生徒を促すことです。作品間の 比較が評価されるのは、「試験問題2」(「パート4：自由選択」のプレゼンテーションが含まれる場合もある) だけですが、生徒は常にそうした機会を持 つべきです。

　西鶴の作品群はその活用度の軽重は別として多くの典拠をもつ。また周知 の通り「大晦日は合はぬ算用」という作品自体が近代になって真山青果や太宰 治といった作家たちに強い影響を与え、一方では戯曲「小判拾壹両」の、また 一方では小説『新釈諸国噺』の典拠として翻案され、新たな作品として生まれ 変わっている。そうした観点から見れば、この作品が時代や作品ジャンルを 超えてその影響関係を探り捉えていくために適切な作品であることがわかる だろう。

　今回は日本の一般の高校で「言語Ａ：文学」に取り組むことを想定して単元 設計を試みるため、生徒と教員にとって入手しやすい比較のテキストとして 太宰治『新釈諸国噺』「貧の意地」を取り上げたい。理由は入手のしやすさ以外 にもいくつかある。例えば以下のようなことがあげられる。

・筑摩書房の「現代文Ｂ」「古典Ｂ」がそうであるように、すでに『新釈諸国 噺』「貧の意地」と『西鶴諸国はなし』「大晦日は合はぬ算用」の両者を比較

100

④ プレゼンテーションに向けて作品を研究する─自由選択（古典）

して読めるような採録構成にしている教科書があり参考となる。

・西鶴も太宰もそれぞれの作品に序あるいは凡例を付しており、作品制作
　の態度や意図（と言い切れるかどうかは別問題であるが）らしきものが作
　家自身の言葉で語られている。その点からの作品解釈が可能である。

・太宰は『新釈諸国噺』の凡例で「西鶴は世界で一番偉い作家である。メリ
　メ、モオパッサンの諸秀才も遠く及ばぬ」としており、太宰という作家
　が西鶴や西鶴の作品をどのように捉えていたかを作品の解釈からアプ
　ローチすることが可能であると思われる。

・「大晦日合はぬ算用」と「貧の意地」以外でも、『新釈諸国噺』を主教材とし
　て、それらの典拠となった西鶴作品との比較を生徒にプレゼンテーショ
　ンさせることが可能である。

(2) 作品概要と教材化

今回取り上げる『西鶴諸国はなし』巻一の三「大晦日は合はぬ算用」の梗概は
次の通りである。

> 　江戸市中に住みかねて品川にわび住まいをする浪人原田内助は、大晦日の掛け取りへ
> の支払いもできず、米屋の掛け取りを脅して帰そうとする始末。とうとう毎日の薪にも
> 事欠き、妻の兄の医師半井清庵に無心し、十両の金子を手に入れる。喜んだ内助は浪人
> 仲間を誘って宴会を開く。集まってきた仲間はいずれも貧しく金どころか着るものにさ
> え困っている者たちであった。酒宴の最中に十両の金を自慢に見せる内助であったが、
> さて宴も終いにというところで一両足りない事がわかる。慌てた客仲間たちは端から着
> 物を脱ぐなどして探しまわるが見つからない。たまたま一両持ち合わせた客が切腹の覚
> 悟を口にして身の潔白を証明しようとしたところで、「小判はここにあった」と誰かが一
> 両投げ出した。一同安堵した所に今度は台所から内助の妻が一両は重箱の蓋に付いてい
> たと持ってきたので結局小判は十一両になってしまった。内助は先に小判を出した客に
> 返そうとするがだれも名乗り出ない。結局手水鉢の上に桝を置いて小判を入れ、持ち主
> が持って帰れるように計らい、客を一人一人帰宅させた。最後に内助が見てみると小判
> 一両は誰かが持ち帰っていたのだった。

「大晦日は合はぬ算用」は、前述した通り国内の「古典」の教科書でも数社が
取り扱っているが、この章段をパート4の教材として扱う際には以下のよう
な点に着目したい。

①作品が刊行された時代

『西鶴諸国はなし』刊行の貞享2（1685）年は五代将軍徳川綱吉の治世であ

101

第2章 「言語Ａ：文学」の授業づくり

る。綱吉は文治政治に重きをおき、幕府の綱紀粛正を図ったことでよく知られているが、それはすなわち「武辺」を重んじる従来の武士たちの価値観の変容を促すものでもあった。一方でいわゆる「戦」の場を失った武士たちの中には仕官先を失ったり藩が取り潰されたりするなどして浪人となるものも多くいた。「大晦日は合はぬ算用」はそうした浪人やその仲間に焦点をあてて彼らの価値観や生き方を描く。例えば、内助が登場する冒頭には「すぐなる今の世を横に渡る」という叙述が見られるが、「すぐなる今の世」は「天和の治」とされた綱吉の治世を意味するとも読める。では果たして綱吉の治世とは真に「すぐなる」世であったのか、悪名高い「生類憐れみの令」一つをとってもこうした疑問は湧くはずである。生徒はそうした疑問に拠って、時代背景や世相あるいは物語の背景となる地域の特性などを詳細に調査することで、読解を深めることが可能である。

②副題の「義理」

　綱吉の治世において「武家諸法度」の第一条が改訂されたことは周知の通りである。改訂前の第一条は「文武弓馬の道専ら相嗜むべき事」とあったが、改訂後は「文武忠孝を励し礼儀を正すべき事」とされた。「弓馬の道」が「忠孝」に改められたわけである。一方、西鶴の別作品『武家義理物語』の序文には武士の取るべき姿勢について「時の喧嘩・口論、自分の事に一命を捨るは、まことある武の道にはあらず。義理に身を果せるは、至極の所」とある。本章の副題「義理」は当時の武士の規範であったものであるのだが、それが浪人である内助たちの騒動の中でことさらに浮き彫りになってくる。例えば内助は自分の借金は切腹の真似をしてでも踏み倒そうとするのであり、この点では全く世間に対する「義理」を欠いている。しかしながら内助やその仲間たちは仲間内ではとにかく形だけであっても礼儀を守り整え、自分や仲間の名誉が傷つくことをなんとか避けようと必死になる。一両紛失の騒動においてもそうした「義理」を重んじるところから生じた「即座の分別」が一応の合理的解決を生み出す。一体「義理」とはどのような規範であり概念であったのか、物語を精読すると同時にこの概念そのものについて比較したり調べたりすることが作品自体の読みを深めることとなろう。MYPでの概念的学習の経験やTOKでの学習に結びつきやすいという意味でも重要な点である。

③西鶴の文体

西鶴の文体は「俳諧的」であると評価される。省略や連想による展開が多いこと、矢数俳諧(一昼夜あるいは一日につくる句数の多さを競う俳諧興業)を思わせるスピード感などがそうした評価の理由であろうが、本章においても特に冒頭、年末の喧嘩と原田内助の様子を描く場面にそうした特徴的な文体がよく表れている。ただし細かくその文脈を読み解いていくと、単なる疾走感のみに留まらない視点の仕掛けにも気づく。冒頭の描写はごく短いが、新年用の飾りを売る声が響く町の様子から始まり、隣の家から内助の家そして内助の顔や姿へと徐々にクローズアップしていくように焦点を絞り込む。こうした描写によって読者は大晦日の喧嘩と賑わいを想像し、その中から徐々に、しかし急速に「原田内助」という人物を「発見」させられる。生徒には、このような西鶴の特徴的文体や描写が読者にどのような読みを与えるかを他の章段や他の作品と比較しながら考えさせたい。

(3)作品の比較

さて、こうした点を踏まえながら太宰治の『新釈諸国噺』「貧の意地」との比較においては、どのような点に注目すればよいのかを次に考えておく。「貧の意地」は、西鶴作品を典拠としているため、あらすじはほぼ同様である。しかし例えば口語文と文語文の文体の違いやテキスト全体の長さの違いを含め、両作品には設定や展開の上での違いもある。そうした違いに注目して焦点を設定すると、例えば次のような比較ができると考えられる。

①主題の問題――義理か、意地か

「義理」を副題とし物語内に武士の義理を描き出す西鶴に対して、太宰が頻繁に使用するのは「意地」や「自尊心」である。各作者がそれらをどのように捉え、描き出しているかに着目して比較することで、典拠とその影響を受けた近代の作品がそれぞれ何を主題としているのかを考えることになる。

②語り手の問題――介入し、評価する語り手

「大晦日は合はぬ算用」の語り手も「貧の意地」の語り手もそれぞれ登場人物に対する「評価」をする。ただしその介入の度合いには大きく開きがある。「貧の意地」で太宰が生み出した語り手はいわば「主観的に介入する語り手」である。そうした「語り手」の立場・評価やキャラクターが読み手にどのように影

響するかという点に着目して比較することで、小説や物語における「語り」の重要性について学習することが可能であろう。

③結末の表現の問題

　二つの作品の結末は大きく異なる。「大晦日は合はぬ算用」は語り手が内助たちの振る舞いを「かれこれ武士のつき合ひ格別ぞかし」と評して終わる。一方「貧の意地」は「落ちぶれても、武士はさすがに違うものだと、女房は可憐に緊張して勝手元へ行きお酒の燗に取りかかる」と結ばれる。評価をしている主体が語り手か女房かという違いもあれば、その評価の内容も違う。この物語の結末の違いは先に触れた主題の問題とも語り手の問題とも関連する重要な要素であり、作品の締めくくり方が読み手に何を与えるかという点を考えることにもつながる。

④文体の問題——省略する西鶴と具体化する太宰

　西鶴の文体の特徴については前述したが、太宰作品との比較においてその特徴はさらに明確になる。もちろん文語と口語の違いはあるのだが、省略と連想で展開を図る西鶴に対して、太宰は登場人物の形容を詳細に具体化する。特に内助の人物設定や小判が十一両になってからの展開には西鶴作品にはないエピソードや台詞が加えられている。例えば西鶴は「事」を描き、太宰は「人」を描いているというような言い方もできるかもしれない。こうした違いをどのように捉え、どのように主題や価値観と結びつけるかを生徒に考えさせたいところである。

⑤挿絵の有無による読者への影響

　一見してわかることであるが西鶴の作品には挿絵がある。それもかなり特徴的な挿絵であり、謎も多い。例えば年末の支払いにも困るような原田内助の自宅が長屋の作りではなく、渡り廊下や障壁画まである御殿のような作りであること、妻の服装や様子からは貧しさが感じられる風情が全くないこと等である。なぜこのような挿絵が付けられているのか、そして挿絵としてこの場面が選ばれたのはなぜなのか、それらを考えることは自ずと作者の意図や主題を考えることにもつながる。一方で太宰作品には挿絵がない。読者のイメージはすべて文字によって構築される。一体挿絵が作品において果している役割とは何なのか、このことは特に作品の仕掛けや特徴が読者に与える

影響を考える上で重要な点となろう。

(4)学習活動

こうした読解の視点を設定し授業を進めるための学習活動としては、読解・分析・解釈の作業以外に以下のような活動を想定することができる。

①「語り手」の役割について学習するために…

→登場人物の一人を語り手とした回想風のリライト。

→語り手のキャラクター設定や位置づけに関するディスカッション。

②挿絵の機能や役割について学習するために…

→挿絵のない太宰の作品に挿絵を付すとすれば、どのような挿絵が適切かを話し合い、絵で表現。

③作品が生み出された背景や作家の意図について学習するために…

→時代背景の調査と作品の叙述に表れている影響についてのプレゼンテーション。

④文体や構成の違いが読者に与える影響を学習するために…

→特定の叙述に関しての（例えば2作品の結末に関しての）全く違う解釈を行ったグループ同士による討論。

いずれの学習活動もプレゼンテーションの単なる練習ではなく、作品の読解を深め、作品の価値を検討するためにクラス全体で行われる必要がある。最終試験の内部評価に向けてのプレゼンテーションのスキルについては、コースの中で概説を行う時間を設けてもよいであろうし、こうした学習活動の中で、何を伝えるためにどのようなプレゼンテーションが効果的であるかをその都度考えさせていくこともできるだろう。

4──古典作品とパート4の評価

前述したように、パート4はDPの最終試験において、内部評価「個人口述プレゼンテーション」の対象になる。このパートでは生徒は他に比べて最も自分自身の興味と能力に見合った評価のための活動を選択することができるとされている。生徒はパート4で学習した作品の一つかそれ以上について一人10～15分のプレゼンテーションを行い、教員がそれをIBの評価規準にしたがって評価する。詳細は本書の「資料編⑤⑥」を参照されたいが、注意すべ

第2章　「言語Ａ：文学」の授業づくり

き点はこのパートで重点が置かれているのは、効果的なプレゼンテーションのスキルが身についているかどうかであるということだ。もちろん作品への理解が十分であるということが前提であり、生徒が見出したその作品の意義や価値、あるいは魅力を適切な方法と言葉で表現できるかどうかが重視されている。そうした点から言えば「古典嫌い」に陥っている生徒にとっては深い読解や作品の意義が見出しにくいという点において、古典は一見取り組みにくいものであるかもしれない。しかしながら「古典」がそれ以前から続く文化の血脈を次の世代に引き継ぐ役割をもっているものであることを実感し、近現代の文学も決して古典と断絶したものではないという作品の価値を見極めることができれば、それは評価に値する十分なプレゼンテーションの材料となるはずである。

　西鶴はその作品研究においてもいまだ新たな解釈の取り組みが継続されているものが多い。それだけ取り組むに価する興味深い点が多い作品だということだろう。また太宰の作品は『走れメロス』や『富嶽百景』などが中学・高校の教科書に掲載されており、『人間失格』などは映画化され若い世代の関心も寄せられている。太宰に影響を与えた西鶴とは一体どんな作家であったのか、太宰が翻案したいと考えた元の物語はどのような話であったのか、そうした興味から生徒が古典の読解に臨むことも、この2作品の比較を主軸に据えた単元であれば可能だろう。

　具体的な内部評価に向けての準備を含めた学習活動としては次のような点に取り組むようにしたい。

①プレゼンテーションの方法にはどのような形態があるかを考える活動

　今回の単元について限定して言えば、「比較」によって浮き彫りになった事がどうすればよく見えるのかについて検討しなければならない。比較の焦点を明確にすることは勿論だが、方法の選択も重要である。例えばプレゼンテーションの方法としては以下のようなものが考えられる。

- ・スライドを用いた解説。
- ・西鶴と太宰の姿勢の違いを明示したポスター発表。
- ・西鶴と太宰の役を分担して生徒が演じ、作家の意図を語るスキット。

106

②作品の意義や価値が適切にかつ明確に捉えられているかを検討する活動

　生徒の発想や考察は独自性をもつことが重要であるが、同時に間違った理解や不適切な読解のままであってはならない。よって例えば歴史的背景の調査のために用いた参考文献が適切であったかどうか、資料の理解が正しいかどうかについては授業者はもちろんのこと、複数の生徒が相互に確認できるような場面を設定することが必要である。調べてきたことをグループ内で発表し、自分が使用しなかった資料について知ったり、同じ資料を複数の生徒が分析し、違った解釈ができないかどうかを検討したりさせるべきであろう。

③映像や他のメディアを活用する活動

　作品選択によっては、映像や他のメディア（絵画・マンガ・新聞・ウェブサイトなどを含む）を用いて発表することや、理解を深めることを促すべきであろう。例えば映画作品となった古典の原作を扱う場合、その映像を著作権に関する学問的誠実性（IBが重視する）を遵守し、適切な手続きを踏まえた上で作品比較や分析に使用することは、他の生徒の作品理解を促すことにも役立つはずだ。

5――まとめ

　以上「言語Ａ：文学」のパート4において、古典をどのように扱うべきかという問題を、西鶴作品をどのように教材化するかという点から検討してきた。西鶴の作品自体は、作品名は知っていてもほとんど読んだことがないという国語科の教員も多いことだろう。高校古典の教科書に掲載されていても授業では扱わないことも多いと聞く。しかし近現代に最も近い時代の「古典」として近世文学はより積極的に教材化され授業で扱われるべきだ。それは近世文学がそれ以前の古典の集積体であると同時に近代文学へ転換していく要素を多くもつ作品群だからである。IBが、「指定作家リスト」で「近世」という時代を独立させている意味もそこにあるのではないだろうか。

（杉本紀子）

【使用テキスト例】
井原西鶴『西鶴諸国ばなし』三弥井古典文庫（西鶴研究会編、2009）
太宰治『お伽草紙・新釈諸国噺』岩波文庫（2004）

「言語Ａ：文学」の定番教材とは？

　中学校や高等学校の国語教科書には、「定番教材」と呼ばれている作品があります。中学校だと、ヘルマン・ヘッセ『少年の日の思い出』(1年)、太宰治『走れメロス』(2年)、魯迅『故郷』(3年)などが挙げられます。これらの作品は採択の歴史も長く、世代を超えて日本中で読み継がれています。こうした傾向は高等学校でも同じで、芥川龍之介『羅生門』、志賀直哉『城の崎にて』、太宰治『富嶽百景』、中島敦『山月記』、夏目漱石『こころ』、森鷗外『舞姫』などの定番教材があります。

　では、「言語Ａ：文学」の場合はどうでしょうか。「言語Ａ：文学」には、いわゆる教科書のようなものはありません。国際バカロレア機構(IBO)が発行している「指定作家リスト(PLA)」と「指定翻訳作品リスト(PLT)」(▶**資料編①②参照**)の中から、学校ごとに作家と作品を選択し、カリキュラムを構成します。「言語Ａ：文学」の作品選びは、とても柔軟なのです。とはいえ、実はパートごとに採択率の高い作品があるようです。

　「翻訳作品」であれば、シェークスピア『マクベス』、カミュ『異邦人』、チェーホフ『桜の園』、カフカ『変身』、イプセン『人形の家』が人気です。「精読作品」や「ジャンル別学習」の場合は、夏目漱石『こころ』、安部公房『砂の女』や『友達・棒になった男』、太宰治『斜陽』や『人間失格』、遠藤周作『沈黙』、三島由紀夫『金閣寺』や『近代能楽集』、有吉佐和子『華岡青洲の妻』、吉本ばなな『キッチン』などが定番教材といえます。詩人では、高村光太郎、萩原朔太郎、谷川俊太郎の人気が高いです。

　DPの場合、240時間(SLの場合は、150時間)の中で扱える作品数には限りがあり、しかも生徒たちは丸ごと1冊を読んで、深く思考しなければなりません。教師は、入手可能で、解釈の切り口が豊富で、各パートの評価規準と作品の魅力が合致するようなテクストを選ぶ必要があります。定番教材は、このような条件に合致した作品だと言えるでしょう。

　逆に、PLAには、国語教科書では定番の葉山嘉樹(『セメント樽の中の手紙』)や正岡子規、高浜虚子の名前が見当たりません。「指定作家リスト」は、近々改訂されるそうで、どのような作家が新たに加わるか楽しみです。

第3章

「言語Ａ」の実践報告

①年間計画／小説と映画「人間の証明」ほか
　　──「言語Ａ：文学」

②戯曲「オイディプス王」
　　──「言語Ａ：文学」

③非文学テクスト「漫画・落語・新聞記事」
　　──「言語Ａ：言語と文学」

④単元「他者と生きる」（「水の東西」「ひかりごけ」など）
　　──MYP

| ウォーミングアップ | **第3章を読むまえに** |

第3章では、「言語Ａ：文学」の実践報告のほかに、ディプロマ・プログラム（DP）の「言語Ａ：言語と文学」と中等教育プログラム（MYP）の「言語Ａ：言語と文学」（同名ですが、内容は異なります）の授業実践について紹介します。これまで1条校のDPでは「言語Ａ：文学」の指導が中心でしたが、今後は「言語Ａ：言語と文学」の開講も増えていくものと思われます。またMYPはDPに進む生徒にとって、DPの学習の基礎となる重要なものです。

1. DP「言語Ａ：言語と文学」について

「言語Ａ：文学」では、文学作品の解釈と批評が中心であったのに対して、「言語Ａ：言語と文学」では文学作品だけでなく、非文学を含む様々なテクストの分析を行います。「言語」と「文学」の双方に比重が置かれており、以下の四つのパートから構成されています。

▼「言語Ａ：言語と文学」シラバス

シラバスの構成	授業時間数	
	SL	HL
パート1: 文化的な文脈における言語 さまざまなソース、ジャンル、メディアからテクストを選択。	40	60
パート2: 言語とマスコミュニケーション さまざまな出典、ジャンル、メディアからテクストを選択。	40	60
パート3: 文学—テクストと文脈 SL 2作品／HL 3作品 1作品は必ず「指定翻訳作品リスト」(PLT)から、残りの作品は「指定作家リスト」(PLA)から選択。HLは1作品のみ自由選択も可。	40	70
パート4: 文学—批判的学習 SL 2作品／HL 3作品 全作品を「指定作家リスト」(PLA)から選択。	30	50

2. MYPについて

MYPは「教科横断的な探究の単元や独自の言語探究を通じて知識、概念的

110

理解、および各種スキル」の伸長を目的としています（『IBプログラムにおける「言語」と「学習」』p. 24）。特に、MYPの学びでは概念理解を重視しており、以下の16の「重要概念」とそれに付随する「関連概念」から構成されています。教師はカリキュラムを開発する上で、これらの概念を用いる必要があります。また、教師と生徒は、科目に関して探究テーマを考え、そこから探究の問いを立てなければなりません（▶ **pp.26-27参照**）。

▼重要概念

美的感性	変化	コミュニケーション	共同体
つながり	創造性	文化	発展
形成	グローバルな関わり	アイデンティティー	論理
ものの見方	関係性	体系	時間、場所、空間

　16のうち、網掛けをした四つの概念は MYP の「言語 A：言語と文学」に関連する「重要概念」であり、学習する単元の枠組みとなります。さらに「重要概念」をより詳細に探究するために、科目ごとに「関連概念」が設けられています。MYP「言語と文学」における「関連概念」は以下の12です。

▼関連概念

受け手の側の受容	登場人物	文脈	ジャンル
テクストの関連性	視点	目的	自己表現
設定	構成	スタイル（文体）	テーマ

　このような「概念」に加え、MYP「言語と文学」は、言語の四技能に「見ること」と「発表すること」を加えた六つの領域について、「他のすべての教科にわたる学際的な理解を育むために使用できる、言語スキル、分析スキル、およびコミュニケーションスキルを生徒に身につけ」ることを主眼にしています（『「言語と文学」指導の手引き』p.5）。

3. ユニット・プランナーについて

　IBにおいて単元計画は、ユニット・プランナー（▶**資料編⑧参照**）と呼ばれる独自の様式を用いて示すことになっています。MYPは規定の様式を用いることが必須で、DPは参考の扱いとなっています。DPの実践を紹介した本章の①②では、この様式を改編したものを使用しています。

111

第3章 「言語A」の実践報告

① 年間計画／小説と映画「人間の証明」 ほか──「言語A：文学」

┃キーワード┃ **全体カリキュラム・言語と文化・女性作家・ 映像作品**

1──本稿のねらい

　本稿では、筆者の実践にもとづき、国際バカロレア (IB)「言語A：文学」 のカリキュラム全体について、その概要を紹介する。「言語A：文学」が、ど のような流れで行われているのか、参考となれば幸いである。また、本稿の 後半では、カリキュラムの中の授業を一部分取り上げて紹介しているので、 あわせて参照されたい。

2──学習者の概要

　今回紹介する IB認定校、ユタロイ・インターナショナル・スクール(以下、 ユタロイ)は中国広東省広州市にあり、2歳児から19歳まで約900名の児童生 徒が在籍している。6割が韓国人、2割が華僑華人系、1割が日本人である。幼 児教育である Early Childhoodを除いて、PYP、MYP、DPと一貫した IB スクールである。

　「言語A」には「文学」「言語と文学」(上級レベル：HL、標準レベル：SL)と「文 学とパフォーマンス」(SL) の三つのコースがあるが、ユタロイでは「文学」 コースを履修することになっていた。「言語A」で生徒数が15人から20人以上 のクラスは韓国語、中国語、英語のクラスで、数名、時には教師と1対1な のがフランス語、ドイツ語、スペイン語のクラスである。日本語の「言語A」 は例年5、6名から多いときで10人前後のクラスであった。なお日本語は、す べて HLでの履修であった。

112

3——「言語Ａ：文学」のカリキュラム

　次に、具体的に授業の内容を紹介したい。「言語Ａ：文学」のコースは、四つのパートに分かれており、これを2年間かけて学び、レポート提出、内部試験、外部試験などの課題をこなしていく。ユタロイでは教師の授業計画によって、四つのパートのどのパートから進めてもよいことになっていた。

　以下に、『指定作家リスト（PLA）』『指定翻訳作品リスト（PLT）』（▶**資料編**①②**参照**）にもとづいて、ある年度の「言語Ａ：文学」で選択した作品の例を示す。これをもとに、「言語Ａ：文学」のカリキュラムの実際の流れを紹介していく。

▼「言語Ａ：文学」選択作品

パート1 翻訳作品	『異邦人』カミュ、新潮文庫 『変身』カフカ、新潮文庫 『ジェーン・エア』C・ブロンテ、新潮文庫
パート2 精読学習	『おくのほそ道』松尾芭蕉、久富哲雄全訳注、講談社学術文庫 『智恵子抄』高村光太郎、新潮文庫 『友達・棒になった男』安部公房、新潮文庫
パート3 ジャンル別学習 「物語・小説」	『金閣寺』三島由紀夫、新潮文庫 『個人的な体験』大江健三郎、新潮文庫 『砂の女』安部公房、新潮文庫 『華岡青洲の妻』有吉佐和子、新潮文庫
パート4 自由選択 「小説と映画」	『GO』金城一紀、講談社 『人間の証明』森村誠一、角川書店 『八日目の蝉』角田光代、中央公論新社

　生徒たちは海外生活経験者であり、母文化と異文化との間で生きている。そのため、まずパート1の翻訳作品から学習を始めて行った。ここでは、自己を見つめアイデンティティーについて考察することができる。また、作品を翻訳する時の問題について分析することから、言語と文化の関係への知識と理解を深めることもねらいである。

　パート1で取り上げた3作品のうち、『異邦人』はフランス文学であるが、舞台となっているのはアルジェリアである。『変身』はドイツ語で書かれた作品だが、著者のカフカはチェコ出身のユダヤ人である。生徒たちには、「サード

113

第3章 「言語A」の実践報告

カルチャーキッズ（Third Culture Kids）」、つまり発達段階の多くの年数を両親の属する文化圏の外で過ごした者が多く、これらの作品は、自己の環境を重ねての考察が行いやすいものであった。また、ヴィクトリア朝の画期的な女流文学作品『ジェーン・エア』は当時の女性の生き方を考えるのに適したものであった。

　なお、筆者が選んだ教材にはパート2を除き、すべて女性作家の作品が含まれている。「多様な文化の理解と尊重の精神を通じて、より良い、より平和な世界を築く」というのがIBの使命だが、その足掛かりとして、女性である筆者は女性作家に着目し、ジェンダーの問題から、自己を見つめ、他者を理解していくことはできないかと考えた。ある女子生徒はパート1の『ジェーン・エア』とパート3の『華岡青洲の妻』を比較し、自身が住んだことのある英国と母国である日本の文化、そして時代からの視点も絡めて女性の生き方を考察し、見事な「EE（卒業論文）」を書き上げた。

　次にパート4の学習を計画した。パート1のねらいを引き継ぎ、アイデンティティーについて考えて欲しい作品『GO』、時代と舞台（国）が作品に大きく影響している『人間の証明』、女性の生き方、家族のあり方について問われる『八日目の蝉』を選択したが、これらの作品を選択したもう一つの大きな理由は、これらが映像化されたことのある作品であり、生徒たちの多くが映像作品が大好きだからである。この機会に、小説が映像化されるときの課題、問題について触れて欲しいと思ったのだ。また、パート4のIB評価課題である「個人口述プレゼンテーション（IOP）」は、完全な内部試験である。そのため、内部試験ではあるが、IBOへの録音テープの提出が必要な、パート2で行われる「個人口述コメンタリー（IOC）」より前に実施することが望ましいと考えた（▶資料編⑤参照）。

　次に、パート3のジャンル別学習は、DPの要である筆記試験2（▶資料編⑦参照）に直接関わるものである。そのため、過去問題を多く解かせる時間が必要であった。しかしながら、11年生（高校2年生）のうちに始めてしまうと、内容を忘れてしまう懸念もあったため、12年生の始めから学習するよう計画した。ジャンル別の学習内容となっており、筆者は「物語・小説」を選んだ。教材とした4作品は、多くのIB認定校が「言語A：文学」（日本語）で取り

上げる定番作品である。

　そして、パート2の学習を授業計画の最後とした。口頭発表のスキルを完成させる集大成であり、筆記試験1に向けての解説文の書き方も徹底的に学んでいく。パート2では、ジャンルの違う3作品を選ぶ必要があるが、ここでも定番作品を選んだ。定番作品には、筆記試験2でよく出題される「モチーフ」が豊富である。またこれは筆者の事情であるが、英語が公用語であるIB認定校の中で、日本語Aの教師は孤独な存在である。協働して教材研究していく同僚はいない。そのような中で世界中のIB認定校の日本語Aの教師たちは、互いの授業や教材に関する悩みや疑問を、メーリングリストを利用して解決している。定番作品の資料はメーリングリストを通じて蓄積されており、安心して教えることができる。

　以上、簡単に「言語Ａ：文学」2年間の授業の流れを紹介したが、以下に指導計画表もあげておく。

　なお、文学の学習は、「知の理論（TOK）」の土台を形成する「問い」と「振り返り」に取り組むための多くの機会を提供している。このため、この指導計画表には「TOKへのつながり」が含まれている。

▼「言語Ａ：文学」指導計画表

	作品	目標・評価	TOKへのつながり
1学期（パート1）	・『異邦人』（カミュ、20世紀、小説） ・『変身』（カフカ、20世紀、小説） ・『ジェーン・エア』（C・ブロンテ、19世紀、小説）	・作品の内容と作品の特性を文学的に理解する。 ・読者の個人的、文化的経験をテキストと結びつけることによって、作品に独自に対応する。 ・文学作品の文化的、文脈的要素が果たす役割を認識する。 【評価】 ・各作品ごとの口述試験 ・各作品ごとの振り返りの記述（600〜800字） （そのうちの1作品分を小論文とともにIBOへ提出する。）	・社会的、文化的、歴史的な文脈に注意を払うことによって、どのような文学的知識が得られるか？ ・文学の研究から得られる知識は何か？ ・ある言語から別の言語への翻訳で失われるものは何か？

第3章　「言語 A」の実践報告

		・各作品ごとの、教師の監督下での記述活動（小テスト） ・1作品に関する小論文（2400〜3000字）（IBOへ提出）	
2学期（パート4）	・『GO』（金城一紀、21世紀、小説） ・『人間の証明』（森村誠一、20世紀、小説） ・『八日目の蝉』（角田光代、21世紀、小説）	・作品の知識と理解を得る。 ・作品に対する個性的で独創性に富む考察を得る。 ・口頭発表で表現力を獲得する。 ・視聴者の興味を引きつける方法を学ぶ。 ・2作品を選んで小論文を書く。 【評価】 ・2作品を選んで口述発表を行う。 ・IOP（IB内部評価試験）	・著者に注目すると、どのような文学的知識が得られるか？ ・著者の意図と創作プロセスは、著者自身またはその人生を反映しているか？ ・創造的プロセスは直接観察することはできない。著者の意図は作品評価に関連するか？
3学期（パート3）	・『金閣寺』（三島由紀夫、20世紀、小説） ・『個人的な体験』（大江健三郎、20世紀、小説） ・『砂の女』（安部公房、20世紀、小説） ・『華岡青洲の妻』（有吉佐和子、20世紀、小説）	・作品の知識と理解を得る。 ・選択したジャンルの文学的慣習を明確に理解する。 ・選択されたジャンルの文学慣習を通じて表現方法、技法を理解する。 ・選択した作品の類似点と相違点を比較する。 【評価】 ・各作品に対する筆記試験 ・筆記試験2（IB外部評価試験）	・文学の研究は各個人の倫理的思考力の発展にどれぐらい重要か？どのように？ ・芸術作品には、その芸術家が気づかない意味が含まれているか、伝えられているか？
3〜4学期（パート2）	・『おくのほそ道』（松尾芭蕉、17世紀、紀行文） ・『智恵子抄』（高村光太郎、20世紀、詩集） ・『友達・棒になった男』（安部公房、20世紀、戯曲）	・作品の詳細な知識と理解を得る。 ・ジャンルに適した分析ができる。 ・言語の使用によって達成される特定の効果を示し、文字、テーマ、設定などの要素を分析する。 ・作品を精読し、根拠に基づき論理的に批評する。 【評価】 ・筆記試験（2回） ・口述試験（2回） ・IOC（IB内部評価試験） ・筆記試験1（IB外部評価試験）	・作品において拡大または縮小解釈されている点は何か？その長所、短所は？ ・文学研究する上で、良い根拠となるものはか？

116

① 年間計画／小説と映画「人間の証明」ほか―「言語Ａ：文学」

第3章―①

4――「自由選択」の単元指導案

　最後に、「言語Ａ：文学」の四つのパートの中から、パート4の単元指導案をあげる。資料として、ユニット・プラン（単元指導案）を載せてあるので、そちらも参照されたい。この様式（▶**資料編⑧参照**）は、もともとIBOがMYP用に指定したものだが、それを参考にDP向けにアレンジしたものである。

　「言語Ａ：文学」の学習にあたって、パート1では「指定翻訳作品リスト」（PLT）から、パート2、パート3では「指定作家リスト」（PLA）から作品を選ばなければならないが、パート4では任意の3作品を選択することができ、トピックについても自由である。教師の個性が最も表れるパートである。パート4の授業時間数はDPの規定で45時間以上必要となっており、筆者の授業では50時間が費やされた。

　ここでは、「小説と映画」というトピックを前任者からそのまま受け継いだが、作品に関しては、女性作家の作品を入れたいという筆者の思惑があったため、当初は『いま、会いにゆきます』（市川拓司）という作品を扱う予定だったが、『八日目の蝉』（角田光代）へ差し替えた。ちなみに、『いま、会いにゆきます』は2003年に刊行され、2004年に映画化された。一方の『八日目の蝉』は2005年から翌年まで読売新聞に連載され、2010年にNHKでテレビドラマ化され、2011年には映画化もされた。『いま、会いにゆきます』が父子を中心にドラマが展開するのに対して、『八日目の蝉』は「母性」がテーマの小説である。

　この単元でのDP修得への評価は、「個人口述プレゼンテーション（IOP）」である。これは前述のように、パート2での「個人口述コメンタリー（IOC）」と違い、完全な内部試験である。パート2の試験より前に、パート4の試験を計画することにより、生徒はこの試験を、パート2の口述試験へのステップとしても活用することができる。

　なお、この単元のねらいは「映画評論」だとはしてはいない。あくまでも小説の分析批評を中心に据え、小説が映像化される時に起こりうる問題、課題を論じていくことを大切にしている。

117

第3章　「言語A」の実践報告

▼パート4　ユニット・プラン（「言語A：文学」）

パート・トピック	パート4：自由選択「小説と映画」	レベルと学年	HL 1年目	日付	2013年 2学期
単元の説明および使用する教材等					
小説と映画の個々の機能に関する理解を深める。 使用教材：『GO』金城一紀、2000年、講談社／『GO』2001年、東映 『人間の証明』森村誠一、1976年、角川書店／『人間の証明』1977年、東映 『八日目の蝉』角田光代、2007年、中央公論新社／『八日目の蝉』2011年、松竹					
本単元のためのDPの評価					
個人口述プレゼンテーション（10分〜15分）30点					

探究：単元の目標を設定する

転移 (transfer) の目標　本単元の全体を通して重要となる長期目標を1〜3つ挙げてください。転移の目標とは、生徒が単元の学習で身につけた知識、スキル、もしくは概念を、教師によるスキャフォールディング（足場づくり）なしで新しい環境や異なる状況に転移させ、応用できるようになることを掲げる重要な目標です。

文学を学ぶことにより身につけた深い振り返りを、普段、何気なく見ているテレビや映画にあてはめることができるようになる。

行動：探究型の「指導」と「学習」

理解すべき重要な内容、スキル、概念	学習のプロセス
生徒は以下の内容を学びます •映画とその文学的ルーツを批評的観点から比較する。 •文学作品を映画化する際に行われた数々の選択の理由を分析する。 •特定の時間と空間において、登場人物がいかに変化したかを理解する。 **生徒は以下のスキルを身につけます** •学習した作品への深い知識と理解を得る。 •学習した作品への個性的で独創的な解答を示すことができる。 •口述プレゼンテーションにおいて、豊かな表現力を示すことができる。 •口述プレゼンテーションにおいて、聴衆の興味と関心を保持することができる。	**学習経験および自立学習に向けた方法と計画：** ☑講義 ☑ソクラテス式セミナー ☑少人数のグループもしくは2人1組での学習 ☐パワーポイントを用いた講義もしくは説明 ☑個人発表 ☐グループ発表 ☑生徒による講義または進行 ☐学際的な学習 **形成的評価** •作品に対する解説文 •口述プレゼンテーション **総括的評価** IB試験：個人口述プレゼンテーション

118

①　年間計画／小説と映画「人間の証明」ほか―「言語Ａ：文学」

生徒は以下の概念を理解します	差別化（ディファレンシエーション）した指導：
• 映画とその文学的ルーツ • 文学作品が映画化される際の数々の選択の理由 • 特定の時間と空間において、登場人物がいかに変化したか。	☐アイデンティティーの肯定 ―自尊心を育む ☑すでにもっている知識を尊重する ☑スキャフォールディング（足場づくり）で学習を促す ☑学習を広げる

学習の方法　本単元における「学習の方法」へのつながりについて当てはまるものをチェックしてください。（複数選択可）。

☑思考スキル	☑社会性スキル	☑コミュニケーションスキル
☐自己管理スキル	☑リサーチスキル	

「言語と学習」へのつながり　本単元における「言語と学習」へのつながりについて当てはまるものをチェックしてください（複数選択可）。	「知の理論」（TOK）へのつながり　本単元におけるTOKへのつながりについて当てはまるものをチェックしてください（複数選択可）。	「創造性・活動・奉仕」（CAS）へのつながり　CASへのつながりについて当てはまるものをチェックしてください（複数選択可）。
☑背景知識を活性化する。 ☑新たな学習のためのスキャフォールディング（足場づくり）を行う。 ☑実践を通して新たな学びを得る ☑能力を発揮する	☑個人の知識と共用された知識 ☑知るための方法 ☐知識の領域 ☐知識の枠組み	☑創造性 ☑活動 ☐奉仕

資料　単元で使用した資料を挙げて下さい。
「GO」映画DVD 「人間の証明」映画DVD 「八日目の蝉」映画DVD

振り返り：計画、プロセス、探究についての考察

うまくいった点　本単元において成功した部分（内容、評価、計画）を挙げてください。
• 生徒たちは日頃から映画に親しんでいる。「小説と映画」というトピックを選んだことは正解であり、小説を深く理解することに結び付いた。 • 現代の3作品を学習したが、戦後間もなくのものと最近のものでは、作品の日本語に変遷がある。この点に生徒が気付いたのが良かった。

うまくいかなかった点　本単元において期待通りにいかなかった部分（内容、評価、計画）を挙げてください。
• メディア学習であってはならないトピックであるが、どうしても小説の分析よりも映画の分析に傾いてしまいがちであった。

119

第3章 「言語A」の実践報告

> **備考・変更点・提案**　本単元の今後の指導について、コメント、提案、検討事項があれば挙げてください。
>
> ・パート4の評価は完全な内部試験であり、録音録画の必要もない。「練習」というと語弊があるが、パート2のIOCへのステップとしても重要である。この点をしっかり意識して指導に当たりたい。

5——授業の実際

　上記のパート4のユニット・プランでは、『人間の証明』を取り上げている。ここでは、この部分を取り上げてさらに紹介する。この教材を用いたある時間の授業の展開と留意点は以下のようなものであった。

▼パート4「小説と映画」『人間の証明』授業の展開（第12時／全17時間）

	学習活動	指導上の留意点
導入	◆前回見た映画の内容を振り返り、各自、気になったポイントについて確認する。	・議論の仕方は、「ディベート」でも「ソクラテス式セミナー」でもよい。生徒の自主性に任せる。
展開	◆何について議論するか決めて、議論する。 ・映画化では主人公の職業がなぜデザイナーに変えられたのか。 ・当時活躍していた日本人デザイナーにどのような人がいるか。 ・ファッション・ショーで使用された音楽やステージ構成について。	・あくまでも「小説」あっての「映画」分析が課題である。「映画評論」に終わってしまわないよう留意する。 ・議論を有意義に進めるには、下調べが大切である。生徒たちが議論に必要な資料を十分に用意しているか留意する。もし、足りない場合はヒントを出し、次回までに補足資料を提
まとめ	◆議論が有意義な作品分析へつながったか振り返る。	出させ、さらに深い内容の議論が展開するようにする。

　戦後作品はすべて「現代文学」と位置づけられるのだが、戦後すぐの作品と、つい最近の作品ではその時代背景も、使われている日本語も随分違う。特にこの作品では、戦争の影をひきずりながら高度経済成長をし続けていた時代に着目し、文学的な分析をしていくことをねらいとした。「指導上の留意点」にある「ソクラテス式セミナー」とは、問答を繰り返していく中でその主張の中に矛盾点を見つけ、そこから真理を追究して行く活動であり、「知の理論（TOK）」にもつながる方法である。学習のはじめこそ教師からの質問に答える形を取るが、方法が定着した後は、教師は介入せず、問うのも答えるのも

120

生徒となる。これはDPに限らず、IB全体を通して言えることだが、教師が
あれこれ教え過ぎないようにすることが肝要である。

　授業の進め方だが、作品を細かいパートに分け、それぞれの担当箇所を決
める。担当の生徒がレポート発表する。その際、その分析方法に疑問が生じ
たら、クラス全体での問答となる。教師は漏れがないように最終的なフォロー
をするだけである。生徒が主体となって学習の足場作りをして行くことが大
切である。実際の授業では、筆者が指摘するまでもなく、生徒たちは時代を
感じさせる日本語の語彙にいち早く気づいていた。また、小説の分析後に見
た映画では、主人公の職業が評論家からデザイナーに変えられており、映像
化する時にどのようにして視聴者を引きつける工夫がなされるのかについ
て、熱い議論が交わされた。やはり視覚に訴える「デザイナー」という職業が
よい、という意見が圧倒的多数であった。さらに、1970年代に世界的に活躍
した日本のデザイナーの名をある生徒があげると、他の生徒たちも負けまい
とするように、その時代に活躍したデザイナーについて調べ始めた。ファッ
ション・ショーで使用された音楽やステージ構成に言及する生徒もいた。

6──おわりに

　DPでは、多くの口述発表が行われ、生徒たちは知識の蓄積だけでなく、
いかに効果的な演出をしていくことが重要なのかも学んでいく。また、「言語
A：文学」で学んだことを「TOK」や「創造性・活動・奉仕（CAS）」につなげて
いくことによって、総合的に学習能力の向上を図ることが可能なだけでなく、
人生を切り開いていくための多くのヒントも得ることができる。DPは大学
入試のためだけでなく、充実した人生を歩んでいくための魅力的なカリキュ
ラムなのである。　　　　　　　　　　　　　　　　　　　　（高橋檀）

第3章 「言語 A」の実践報告

② 戯曲『オイディプス王』
—「言語A：文学」

▎キーワード▎ 事実・概念・問いかけ・運命・自由意志・
口述プレゼンテーション

1——実践の概要・ねらい

　本稿は DP「言語 A：文学」のパート4「自由選択」で学習した3作品の一つ『オ
イディプス王』についての実践報告である。パート4は、実践校において DP
の1年目に行うので11年生（高校2年生）が対象である。翻訳作品の学習は、
生徒を未知の世界に誘導し新しい考え方や経験を獲得させる。『オイディプス
王』は、ヨーロッパ文化の根底をなすもので、生徒が古典のジャンルである「ギ
リシャ悲劇」と出会う絶好の機会を与え、自分と世界をつなげて考えること
を可能にする作品の一つである。実践は、IBの六つの主要な教育原理（探求
学習、概念理解、地域とグローバルな文脈、協働学習、差別化、評価）に基
づいた取り組みである。ねらいは、作品を読み解きながら「運命と自由意志
の関係について考え、運命に向かってどう生きていくか」について議論し、
今後の生徒達の人生の様々な局面において彼らなりの道を歩んでいく力を養
う糧とすることである。

　パート4は「自由選択」の名が示す通り、教師の興味・関心や生徒のニーズ
だけでなく、その国や地域の教育課程の要件（学習指導要領のようなもの）を
満たさなければならない場合のニーズに応じて作品選択をする事ができるよ
うに、柔軟性がもたされている。最終成果物は3作品終了後の「個人口述プ
レゼンテーション」（▶**資料編**⑤）である。

　本実践では、複数の形成的評価と2つの総括的評価を行った。総括的評価
の一つは「Hot Seat」と呼ばれるもので、登場人物の一人になって生徒と教
師の様々な質問に答えながら作品への理解を示すパフォーマンスである。も

122

う一つは先述の IB 提出用の「個人口述プレゼンテーション」である。但し、後者においてはパート4の3作品から生徒が作品を選択することから、本作品の総括的評価として全員が取り組んでいるのは前者の「Hot Seat」である。本稿においても前者の評価までに焦点をあてている。

　単元の流れとしては大きく三つの段階で構成されている。一つ目は古代ギリシャの社会、神話、ジャンルである「劇」等、作品の背景についてリサーチを要する学習、二つ目は作品のプロットの読み取り、登場人物の概要、作品の構成、衣装、仮面、舞台設定、コロス（古代ギリシャの合唱隊）等の作品の「事実」についての学習、そして三つ目は『オイディプス王』での学習を概念的なレベルで理解する学習である。また、単元は、基本的に「事実に基づく問い」「概念に基づく問い」「議論の余地のある問い」の三つのタイプの発問を通して「事実理解」から「概念理解」へと展開していっている。これらの三つの段階を経て、上記に述べた総括的評価に至っている。

2──カリキュラム・学習者の概要

　本実践は以下のカリキュラム（SL［標準レベル］・HL［上級レベル］）で扱う作品の一つである。

▼「言語Ａ：文学」選択作品

パート1 翻訳作品	『異邦人』カミュ、新潮文庫 『人形の家』イプセン、新潮文庫 『ゴドーを待ちながら』　サミュエル・ベケット（HLのみ）、白水社
パート2 精読学習	『キッチン』吉本ばなな、新潮文庫 『古今和歌集』紀貫之、角川ソフィア文庫 『近代能楽集』三島由紀夫（HLのみ）、新潮文庫
パート3 ジャンル別学習 「物語・小説」	『沈黙』遠藤周作、新潮文庫 『こころ』夏目漱石、岩波文庫 『砂の女』安部公房（HLのみ）、新潮文庫 『人間失格』太宰治、新潮文庫
パート4 自由選択	『オイディプス王』ソポクレス、岩波文庫 『陰翳礼讃』谷崎潤一郎、新潮文庫 『ペルセポリス』マルジャン・サトラピ、バジリコ

　書きと口述の両スキルの基礎力を固めることとジャンルや内容において作

123

第3章　「言語A」の実践報告

品比較を行うことを意図して、1年目はパート1とパート4の作品を交互に行っている。話がわかりやすい『人形の家』から始め、グラフィック・ノベル『ペルセポリス』、小説『異邦人』、そして『陰翳礼讃』から『オイディプス王』という順番で、HL用のパート1『ゴドーを待ちながら』とパート3『砂の女』の作品も1年目に終了する。ちなみに、『オイディプス王』は、1年目の終わりにSLとHLの両レベルの生徒が学習する作品である。

　勤務校では、日本語において「言語A：文学」と「言語A：言語と文学」の2コースを、生徒の文学に対する興味・関心と文学作品の分析の経験を考慮してどちらのコースを開講するか学年ごとに決めている。本稿は、「言語A：文学」のコースで行った『オイディプス王』の実践である。勤務校は三つのIBプログラム認定校で、日本語のコースもPYP、MYP、DPのそれぞれのプログラムの枠組み内でレベル別に開講されている。実践を行ったクラスは、日本語を第一言語とする生徒が対象のクラスであるが、インターナショナルスクールであるため様々な学習背景をもった生徒がいる。生徒数は学年によって異なり、5名から15名の幅がある。本実践は生徒数10名の学年によるものである。

　以下に、「ユニット・プラン」と、具体的な「授業の流れ」を示す。

3──ユニット・プラン（「言語A：文学」）

パート・トピック	パート4: 自由選択	レベルと学年	HL／SL 1年目	日付	3学期
単元の説明および使用する教材等					
単元名：「オイディプス王：誇り高く英知に長けた男の無慈悲な運命との闘い」 使用教材：『オイディプス王』（ソポクレス　藤沢令夫訳　岩波文庫）					
本単元のためのDPの評価					
個人口述プレゼンテーション（10分〜15分）30点					

理解すべき重要な重要概念・関連概念・内容・スキル	
重要概念	運命と自由意志
関連概念	ジャンル、戯曲、神話、演劇に関する慣例用語（ト書き、対立、クライマックス、カタルシス、大円団、観客、仮面、コーラス等）、文学的技法（主題、シンボル、モチーフ、人物造型、性格類型）、傲慢、自信過剰、信念、真実、悲劇、文化、環境、価値、人間存在の本質、知、宗教、プレゼンテーション

124

② 戯曲『オイディプス王』―「言語Ａ：文学」

生徒が理解する内容	作品成立の背景（時代と社会背景、作者ソポクレス、神話、演劇の慣例用法等）、仮面の意味、作者の目的、作品の筋、作品の構成、コーラスの意味、作品内の人物造型と人物関係、作品参照に基づいた意見の述べ方、演劇に関する慣例、文学的技法、効果的な口述プレゼンテーションの方法
生徒が身につけるスキル	・目的に合ったリサーチ媒体を使用し必要な情報を探し出す。 ・情報に基づいた意見を述べる。 ・話し合いで自分の意見を述べ正当性を主張する。 ・作品を批判的に分析する。 ・作品に見られる劇の慣例と作者が使用している文学的技法について説明する。 ・活動とトピックに適したプレゼンテーションの手段及び方法を選択する。 ・聴衆の関心を引くストラテジーを使う。 ・プレゼンテーションに適切な資料を選択する。 ・一貫性のある構成のために資料を整理する。 ・目的に合った言葉を遣う
永続的理解 （学習後も様々な分野で思考の礎となる理解）	事実に基づく問い（F：Factual） 概念に基づく問い（C：Conceptual） 議論の余地がある問い（D：Debatable）
1. 脚本家はダイアローグ、行動、身振り、ヴォイス、劇のコーラスを通して登場人物の特徴を明らかにする。	F：『オイディプス王』において、それぞれの登場人物には、どのような方法で、どのような特徴が与えられているか。それによって、どのような人物造型が行われているか。 C：登場人物にどのような人物の特徴が与えられ、それによってどのように人物が造型されているか。 D：オイディプス、イオカステ、テレシアスのような、フィクションの人物が独り歩きするようになるのはなぜか（例：オイディプス・コンプレックス）。
2. 悲劇の英雄のほとんどは、不都合な真実に盲目で、試練を味わい、神に試される者として描かれる。	F：オイディプスはどのように悲劇の英雄として描かれているか。 F：オイディプスが気づいていない重要な真実とは何か。 C：時代を超えて観客がオイディプスの盲目から学ぶ事は何か。
3. 人間の運命はしばしば人間の主体性（自由意志）と衝突する。	F：オイディプスの人生を支配しているのはどんな要素か。 C：自己の力が及ばない人生の要素はどのように人生に影響を与えるか。それに対しどう向き合うのか。 D：人間はどの程度まで運命にあらがうことが可能か。

第３章―②

125

4. 文学はしばしば当時の信仰、考え方や社会、国の統治の在り方を映し出す。	F：どのような古代ギリシャの信仰、考え方、社会、国の統治のあり方が描かれているか。 C：作品に映し出されている考え方は、どのように現代と似ているか、また、異なるか。 C：作品に見られる現代と異なった考え方や社会は、劇の解釈にどう影響を与えるか。	
5. 優れた古代劇は、現代においてもなお答えを求めて止まない人生についての問いを投げかける。	F：『オイディプス王』においてどのような人生についての問いが描かれているか。 C：『オイディプス王』のような古代の劇がなぜ現代においても受け入れられるのか。 C：劇の主題は観客の人生にどう影響を与えうるか。 D：現代を生きる観客に古典はどう関係するのか。	
6. 脚本家は劇の慣習と技法を使用して観客の主題理解と感情移入を図る。	F：『オイディプス王』の設定に重要な役割を果たしている劇の慣習は何か。 F：脚本家は観客の主題理解と感情移入のためにどうコーラスを使っているか。 F：どんなモチーフが使われているか。 F：仮面はどう使われているか。 C：劇の慣習と技法は観客の主題理解と感情移入をどのように促進し楽しませるか。 C：『オイディプス王』は観客のどんな感情の浄化（カタルシス）を経験させようとしているか。 C：モチーフの反復はどのような意味を形成するか。 C：人間の文化において、仮面はどのように、また、どのような理由で重要か。	
7. 起承転結の劇の構成は、物語の主題伝達を高め、観客の共感を喚起し新しい洞察へ導く。	F：『オイディプス王』において劇はどう構成されているか。 F：観客はどう登場人物の経験を共有し、感情移入していくか。 F：登場人物はどの場面でどのように主人公に同情を示しているか。 C：劇の構成は観客にどう感情の動きを経験させ新しい洞察へ導いていくか。 D：起承転結の構成をもち、同じ効果をもたらしている作品（映画、グラフィックノベルを含む）を挙げ、どう同じか説明しなさい。	
8. 説得力のある口述プレゼンテーションは、明瞭な主題の提示を要し、独創性と想像力を有したものである。それは精選した資料と論理的な構成、効果的で具体	F：文学作品について探求した口述プレゼンテーションに説得力をもたせるにはどんな条件を満たしたら良いか。 C：説得力あるプレゼンテーションが有すべき要件は何か。	

② 戯曲『オイディプス王』―「言語Ａ：文学」

的なポイントによっ
て展開し、文脈に適
した話し手の言葉遣
いと説得力のある
トーンで伝達される。

形成的評価

- 単元を通して生徒のジャーナル書きをモニターし、口頭と記述でのフィードバック。
- リサーチの仕方のフィードバック。
- リサーチ発表のフィードバック。
- 担当場面の発表について、内容と口述プレゼンテーションスキルについてのピア評価と教師からのフィードバック

総括的評価

「Hot Seat」／個人口述プレゼンテーション

学習の方法(思考スキル・コミュニケーションスキル・社会性スキル・リサーチスキル)

どのスキルも様々な活動において発達を促すが、特に焦点をあてるのは思考スキルとコミュニケーションスキル。

思考スキル：三つのタイプの発問とグループ内で出た考えについて、質問する力、探求する力、自分の理解を振り返る力、考えを正当化する力、他者の考えやテクストを批評する力、自分の考えを創造的に発表することができる力等。

コミュニケーションスキル:様々な状況下で他者のメッセージを聞き理解する力、グループ内で話し合う時・全体と共有する時・プレゼンテーションの時に説得力のある方法で自分の主張を明確に述べる力、異なる状況や目的に沿って様々なメッセージを簡潔に伝達し、他者に理解させる力等。

社会性スキル：グループ内や全体での活動において協力し合う力。ここではコミュニケーションスキルと大きく関連している。

リサーチスキル：情報の信頼性を確かめ、常に正しく引用し出典を示す力。

TOKとのつながり

- 共有された知識
- 知るための方法：言語、感情、想像、知覚、直感、理性。
- 知識の領域：芸術、歴史、倫理、宗教的知識の体系、ヒューマンサイエンス。

差別化

- 自尊心を育む：一斉型の授業体験が多い生徒や日本語で学問的に文学作品を分析した経験が少ない生徒には、様々な機会に長所を見つけて自信をもたせ積極的に学習していくことを促す。
- スキャフォールディング（足場作り）：概念型学習の経験が少ない生徒がつまずかないように異なるタイプの質問を多く準備したり、グループでの協働を奨励したり、また、図やポスターによって考えを視覚化し学習をサポートする。

学習経験

「4―授業の流れ」、「5―授業風景」参照。

振り返り

「6―振り返り・展望」参照。

第3章 「言語A」の実践報告

4──授業の流れ

時	活動内容	指導上の留意点・評価
第1時	1. 「議論の余地がある問い」について考える。 2. 作品について初読のコメントをジャーナルに書き全体と共有する。	・全員が一人で必ず考えてジャーナルに書くことができる時間を確保する。 ・生徒のコメントを否定しないよう留意する。 【評価】(形成的評価はF、総括的評価はS) ・生徒がジャーナルに書いていることの観察(F)
第2時	1. 作品の背景学習について、調べ方と発表の仕方について聞く。 2. グループで作品の背景について調べる(例:神話、古代ギリシャ劇場、ギリシャ劇の誕生、デイオニソス信仰、地理、劇の決まり等)	・インターネットや、それ以外のリサーチの方法について助言する。必要に応じて司書教諭と協働する。PPTを使用するが、正しい引用の仕方、出典の仕方、スライドに多くの情報を入れないこと、スピーチスクリプトを読みあげないことなどを助言する。 ・協働学習である事の意味を強調し、発表前までにグループ内でそれぞれが調べた事について共有するように確認する。 【評価】 ・グループワークでの取り組み方を観察(F)
第3時	1. 作品を理解するにあたっての重要な概念についての理解を確認する。(「運命」「個人の意思」「悲劇」「英雄」「文学」「性格類型」等)。	・「ギリシャ悲劇」という古典の翻訳作品を学習するにあたり、重要概念について、授業開始時の生徒の知識の確認は教師と生徒にとって重要。 【評価】 ・グループワークでの取り組み方を観察(F)
第4時	1. 第2時と宿題で調べてきた作品の背景について全体で共有する。	・聞いている生徒がメモをとったり質問をしたりしながら活発的に参加しているか留意する。 【評価】 ・発表の仕方について助言する(F)
第5〜7時	1. 作品の六つのパート(プロロゴス、第一〜第四エピセディン、エクソドス)についてそれぞれグループで取り組み、発表の資料を準備する。	・何を分析するのかについて明瞭な指示を与える。 ・グループ内の話し合いの方向を見ながらそれぞれのグループに適切な発問をしていく。 【評価】 ・生徒がつけているジャーナルを回収し、生徒の理解や解釈についてフィードバック(F)

128

② 戯曲『オイディプス王』—「言語Ａ：文学」

第8〜13時	1. 担当グループがそれぞれの場面を発表する。	• 発表は制限時間内にグループ全員が参加して発表するよう助言する。発表後は必ず全体から質問をとり、内容が深まるよう、必要に応じて問いかけをする。また、討論の方向がずれていかないように留意する。 【評価】 • 口述プレゼンテーションの評価項目の点数とコメントでフィードバック(F)
第14時	1.「概念に基づく問い」について自分の考えを書き、ギャラリーウォーク。	• 静かに考える時間の確保に留意する。 【評価】 • 生徒の書いていることの観察(F)
第15〜17時	1. 登場人物を一人選び、どのような人物か、その登場人物をもっとも表していると思う仮面を作る。 2. 以下の観点から発表する。 (1) 仮面の表情の説明とその表情に最も合う登場人物の台詞 (2)「Hot Seat」活動。登場人物になって質問に答える	• 授業内で仮面を作り上げることができない場合は授業外で作り上げてくるよう指示。 【評価】 • 三つの評価項目による総括的評価(S/F：本単元では総括的評価だが、口述プレゼンテーションに向けての形成的評価でもある)
第18時	1. 振り返り ジャーナル、ポスターを見ながら自分の思考の変化を振り返る。	• 生徒が自分自身の振り返りに集中できるように静かな時間を確保する。

5──授業風景

先に示した「授業の流れ」の内、いくつかの場面を取り上げて解説する。

第1時の1

「議論の余地がある問い」に関する学習である。文学の新しい単元に入るにあたって、生徒は単元の1時間目までに使用する教材を読んでおくという課題が出ている。それをふまえて、「人が運命と対峙した時、人間個人の自由意志はどこまで成り立つのか」という、本作品の本質である問いを単元の導入とし、作品への興味と今後の分析への意欲を喚起する。ここでは『オイディプス王』に限らず多くの例を用いながら考えてもよい。生徒に、「ジャーナル」

129

第3章 「言語A」の実践報告

と呼ぶノート（一般のノートで、生徒が授業での気づきや思い、マッピング等を書くのに使用する）に問いに対する考えを書き留めさせる。他の生徒の言うことを聞くと影響されてしまう生徒も出てくるので、教師は必ず生徒が一人で考えて書く時間を確保する。

第1時の2

　作品についての初読後のコメントを述べ、全体で共有することを目的とする。作品について考えたり思ったりしたことを言葉で掘り起こす作業で、直感や想像を言葉で表現させる。生徒の初読の後のコメントが主題とつながることもしばしばある。また共有することで読み方の幅を生徒に感じさせたい。コメントは、一言でも説明の形をとっても構わない。なぜそう思ったのか、感じたのかの理由は、この段階で無理に強制せず、感じた事を言葉で表現させる事に焦点をあてる。振り返りの時間に再度この時間のコメントに戻ることで読みの深まりを確認する。

第3時の1

　まず、作品を理解するにあたって、概念について理解しているかどうかを確認する。単元の内容を深めるのに必修の概念の学習時限である。「概念」とは、抽象性、普遍性のある原則や考え方で、時代と場所を超えて通用するものである（Erickson 2008:30）。クラスで学習した「事実」を生徒が他のコンテクストで応用するのを可能にするものである。そのためには、「事実」を「概念」に変える必要がある。例えば、「フランス革命」と言う事実は「革命」に、「夏目漱石」は「作家」と言う概念に置き換えられる。

　本時では、「運命」「個人の意思」「悲劇」「英雄」「性格類型」「文学」と言う転移可能な複数の概念を一つのグループに二つずつ与えた。活動の目標は、与えられた概念について自分たちの言葉で定義づけることである。この時、辞書や本からの定義ではないことを強調したい。まずは、教員が複数の例を挙げ、それらの例が概念語の例と言えるか言えないかを検討する。そして、それら概念語がどのような基準をもっているかについて、グループで話し合いながら基準のリストを書き出させ、それらを元に定義を作らせる。

　例えば、「裕福な家に生まれた子供」や「飛行機事故での死」は「運命」の例だが、「懸命に働いて裕福になった人」や「赤信号を無視しての事故死」は「運命」

130

② 戯曲『オイディプス王』―「言語Ａ：文学」

の例ではない。ここから、「運命」には「ある出来事に対して、人がコントロールすることができるかできないか」という基準が見えてくる。また、「個人の意思」の例は「アイスクリームを食べる」や「人が人を殺す」で、違う例は「アイスクリーム中毒の人がアイスクリームを食べる」、「ライオンが人を殺す」等で、基準は「自分の意思による選択か否か」である。

　それぞれの概念について、グループのメンバーが自分の考えをポスターに書いていき、基準と定義をグループでまとめ、グループで出たいくつかの事をクラス全体に発表させる。グループ活動での取り組み方の評価は、生徒の取り組み方を見ながら必要に応じて奨励したり助言したりすることを含む。

第5〜7時の1

　本作品の六つのパート（プロロゴス、四つのエピセディオン、エクソドスを便宜上のパートとしている）について、生徒は希望する一つのパートを担当しグループで分析する。その際、基本的な内容として①話の筋や、②登場人物とその特徴を明らかにし、応用的な内容として③ギリシャ劇に見られる特有な考え方、④担当のパートに見られる様々な観点を発見し（例：作品全体におけるパートの役割、作品のテーマがどのように描かれているか、登場人物の台詞や行動の意味、コーラスの役割等）、⑤そのパートをもっとも代表していると思う台詞について分析する。⑤については取り出すだけでなく、オイディプスの感情や嘆きを音読しなぞる練習もさせる。基本の①と②は発表用のレジメを用意し、③〜⑤についてはグループで工夫して最も適切だと思う発表方法を生徒が選択する。これは口述プレゼンテーションで期待されている「プレゼンテーションの効果的かつ適切な方法」の練習にもなる。

　また、応用の質問に取り組むにあたって生徒が考えを広げ深めていくのを助けるプロンプト（教師側からの発問）を準備しておく。例えば、「プロロゴス」では、「オイディプスが良い王であることはどのように示されているか」「オイディプスの欠点や弱点は既に見られるか」等の事実に基づく質問から「観客として劇の結末を知っていると、劇を見る楽しみが半減すると思うか」と言う疑問の余地のある質問、「第一エピセディオン」では「透明性は民主主義の根幹をなすものの一つだが、オイディプスにこの資質はあるか」「オイディプスのどのような王たる良い資質が彼を破滅に導くことになるのか」「『オイディプ

131

第3章 「言語A」の実践報告

ス王』の設定で推理小説と似ている点はどんなところか」を問い、「第二エピセ
ディオン」に関しては「傲慢はどのように描かれているか」「オイディプスのス
ピーチについて観客の解釈と劇中のテバイの国民の解釈はどう異なるか」「運
命の信仰はどのように劇的な皮肉（ドラマチックアイロニー）を導いていく
か」などの問いが考えられる。生徒の理解状況によって、事実に関する質問
をより多くするなどのスキャフォールディング（足場作り）としての適切な指
示・援助を行う。一度に多くのプロンプトを与えるのではなく、グループの
話し合いの深まりを見ながら臨機応変に対応した。

第8〜13時の1

　グループごとに、それぞれのパートに関して発表を行う。本作品はパート
4で取り組む最後の作品で、生徒はこの後口述プレゼンテーションの準備を
していくことから、評価は口述プレゼンテーションの評価項目（A作品につ
いての知識と理解、Bプレゼンテーション、C言語）を使用し、点数化して
フィードバックをする（▶**資料編⑥参照**）。ただしこれは形成的評価で、パ
フォーマンスを振り返り、さらなる向上のためにどうすればいいのか生徒に
考え行動させるためのものである。

第14時の1

　「概念に基づく問い」について自分の考えを書き、ギャラリーウォークとい
う教室活動を行う。ギャラリーウォークとは、教室内に貼られた問題解決を
要したり思考を促したりする問いかけについて個人で考えたりグループで話
し合ったりしながら回答を書き、他のグループのところに移動して考えたこ
とを共有し、それぞれの考えを学んでいく活動である。ここでは、教室に四
つのコーナーを作り「概念に基づく問い」や「議論の余地のある問い」を書いた
ポスター用紙を貼っておく。一つのコーナーには1〜2枚のポスター用紙で、
それぞれのポスターには一つの問いを書いておく。生徒はそれぞれ決められ
たコーナーから始め、そのコーナーにある問いについての考えを書く。話し
合いながら考えても構わないが、書くのは生徒個人の考えである。生徒の人
数によっては、コーナーの数の加減をしたり同じ問いを異なるところに準備
したりして、一つのコーナーには最大で3名しかいないような形が望まし
い。3名以上になると多すぎてしっかり考えて書くことができないからだ。

② 戯曲『オイディプス王』―「言語Ａ：文学」

自分の考えには名前を書かせ、一定の時間が来たら次のコーナーに動き、まず何が書かれているのかを読み、それについてコメントを書いていくという手順である。賛成か反対か、付け加えがあるか、どのような理由からそう思うのかなど、自分の考えを書いて会話をさせながら考えを広め深めていくことがねらいである。

　全部のコーナーをまわったら、最初のポスターに戻り書き込まれているコメントを読む。1枚のポスターにつき一人の代表者が、ポスターに書かれていることで共通している事、面白い考え、全く異なった考えなどについて発表し全体で共有する。振り返りの時間に再びこれらのポスターを教室に貼り、ここで自分自身の回答にさらにコメントをつけさせる。付箋紙か異なる色で書かせ、自分の考えがどのように変わったか考えさせる活動を行う。

第15〜17時の1〜2

　この時間は、登場人物の仮面作りと「Hot Seat」活動である。課題遂行を通して、これまでの活動で学んだ作品についての知識と理解を発表するパフォーマンス評価である。仮面は、生徒が登場人物の特徴や性格、心情を正確に理解することを手助けするツールとなることを意図している。パフォーマンスを始める際に、それらについて説明することが求められており、その説明によって評価項目Ａの作品の知識と理解のところで評価される。どの登場人物を選んでも構わないが、順番によって不利益が生じないように同じ登場人物は同じ時間内で発表させる。聞いている生徒は必ず質問をすると言う課題もあり、これも評価の対象になっている。質問内容は、具体的なものから概念に関する事、議論の余地があるものと、発表者の内容によって臨機応変に質問することが期待されている。実践では、テレシアスへの「オイディプスの台詞で一番癪に障った台詞は何か」（事実）、「運命を覆すことはできなかったのか」（概念）、クレオンに「オイディプスに学んでほしい教訓は何か」（事実）、「運命についてどう思うか」（議論）、イオカステには「オイディプスが盲となったのは悲劇か、名誉か」（議論）等々、多くの質問があった。教師は質問者の質問もよく聞いておく必要がある。

　評価項目は、Ａ作品の知識と理解（10点）、Ｂ他者への質問の内容（5点）、Ｃ言葉遣い（5点）で、ＡとＣはIBの評価項目と大体同じだが、Ｂは独自に作

133

成したものである。発表者の制限時間は質問を入れて10〜15分で、発表者が最大の力を発揮できるよう教師も適切な質問をすることが肝要である。

仮面の作品例（左から：オイディプス[2点]、イオカステ、テレシアス、クレオン）

第18時の1

今までの活動を「振り返る」時間で、特に自分の考えの変化（深まりと広がり）に目を向けさせる。その際、今まで使ったポスターは再び教室の壁に貼っておくと良い。生徒は、第14時の「概念に基づく問い」のギャラリーウォークで自分の考えの変化について振り返っている。ここでは、第1時1の「議論の余地のある問い」と第1時2の「初読のコメント」の活動で行ったジャーナルに戻り、第14時と同じように、付箋紙もしくは異なる色のペンで現在の自分の考えとコメントを書かせる。次に、第3時1の「概念」を表す語とそれらの関係についてのポスターと「Hot Seat」での自分と他者のパフォーマンスについて書いたジャーナルを見ながら、本単元で理解したことを「永続的理解」（▶ p.28参照）という形で文に書かせる。最後は「永続的理解」をペアで共有させ、ペアの相手の「永続的理解」で新しく気づいた事を全体に発表させる。

6──振り返り・展望

本稿で紹介した具体例は概念型のカリキュラム例である。前述したように、本校はPYP/MYP校でもあるので、生徒は探求型、概念型学習に慣れている。しかし、英語ではできるのに日本語になるとスキルを十分に活かせなかったり、考えを主張するのに作品やリサーチに基づいた理由づけが必要であるのに何を取り上げてよいのかわからなかったり等、とまどっている生徒がいた。これらの生徒にはつまずいているところを図式化して示し、進め方や考え方を視覚的に見いだせるようにする。学校の状況・生徒の学習経験に応じての

② 戯曲『オイディプス王』―「言語Ａ：文学」

差別化指導は、生徒の理解促進に欠かせない。例えば内容確認や概念という事自体の理解にもっと多くの時間を割いたり、生徒の理解度に応じたフィードバックを頻繁に返していったりする等の手だてが必要だ。

　今回の実践例では、ジャーナルを活用して生徒の理解度を常に把握しようと努めたが、ジャーナルの執筆に慣れていない生徒(特に転入してきた生徒)は、個別に呼んで問答をしながら自分の考えを書いていく手助けをした。IBの『指導の手引き』では、「ジャーナル (journal)」は「記録日誌」と翻訳されているが、生徒にとっては自分の思考の流れや変化が明瞭になり、教師にとっては生徒の理解度を把握するのに役立つ。頻繁にチェックすることで生徒のつまずきも見えてくる。

　最後に日本の教育と IB教育について考えながらまとめとしたい。IB教育の授業計画において最も重要なのは、単元の焦点となる概念を選択すること、「永続的理解」を設定すること、「永続的理解」に基づいた発問を生徒の背景に応じて周到に用意すること、「永続的理解」に基づいた学習経験を通して生徒が理解したことを評価する総括的評価と判定基準を計画の時点で設定しておくことだ。指導計画を意図的・計画的に実現すること自体は、日本の教育で従来から実践されていることだが、IBは「逆向き設計」で、目標 (単元終了後も生徒の記憶にあり、リサイクルして使われ生徒の生きる力につながる「真の理解」のこと)と評価を最初に設定すること、生徒の学習経験は概念学習と探求学習を中心とした協働学習であるという点において、担当教師には指導計画を行う視点のシフトが必要になってくるだろう。

（遠藤みゆき）

【参考文献】
G.ウィギンズ、J.マクタイ、西岡加名恵訳(2012)『理解をもたらすカリキュラム設計 -「逆向き設計」の理論と方法』日本標準 (Grant Wiggins and Jay McTighe (2006) *Understanding by Design Expanded 2nd Edition*. Pearson Education Inc.)
Erickson, HL (2008) *Stirring the Head, Heart and Soul: Redefining curriculum, instruction, and concept-based learning*. Corwin Press.
Erickson, HL. and Lanning, LA (2017) *Concept-Based Curriculum and Instruction for the Thinking Classroom*. Corwin Press.
Lanning, LA(2013)*Designing a Concept-Based Curriculum for English Language Arts*. Corwin Press.

第3章 「言語A」の実践報告

③ 非文学テクスト「漫画・落語・新聞記事」—「言語A：言語と文学」

｜キーワード｜ 言語・文化・文脈・創作的記述・発表・批判的リテラシー

1——はじめに

　ディプロマ・プログラム（DP）で学ぶ六つのグループのうち、グループ1には母語学習（国語教育）を行う科目が存在する。現在の国際バカロレア（IB）の区分では、グループ1は「言語A：文学」「言語A：言語と文学」「文学とパフォーマンス」の三つの科目で構成されている。

　筆者の勤務校であるぐんま国際アカデミー高等部では、IB受講生の増加と履修したい科目の要望が多様化したことにより、受講生を「言語」や「歴史」を上級レベル（HL）で履修するIB文系コースと、「理科」や「数学」をHLで履修するIB理系コースとに分けてカリキュラムを作成している。文系コースでは「言語A：文学」をHLで、理系コースでは「言語A：言語と文学」を標準レベル（SL）で履修する。理系コースを選択する生徒の多くは、新聞や雑誌など文学的なテクスト以外の媒体に触れる機会がより多く、また非文学テクストへの興味も高い。そこで、生徒の興味や関心に合わせ、学びやすさを重視して、SLの「言語A：言語と文学」を開講することにした。

　ところで、「言語A：言語と文学」（以下、「言語と文学」）は表1に示したように四つのパートに分けられている。そのうち、二つが新聞や雑誌、評論、もしくは随筆など、いわゆる「非文学テクスト」とみなされる文章を扱う。生徒は文学的な言葉の使い方だけではなく、非文学テクスト、つまり、新聞や評論などで使われる表現の特徴、また、写真や動画、また記事全体の色遣いなど視覚的効果の意味や効果、また受け手を通して社会にどのような影響を与えるかを意識的に考察する力を得ることが目的とされている（『「言語A：言

136

語と文学」指導の手引き』pp.20-26、以下『手引き』)。

これまで、「言語と文学」の最終試験は5月試験のみしか開催されていなかった。しかし、2016年11月より「言語と文学」の11月試験も実施されるようになったことで、今後、1条校においても「言語と文学」が導入されていく可能性は高まっている。そこで、本章では、「言語と文学」の目的や評価などの概要説明と筆者自身の実践報告を行っていく。

▼表1:「言語Ａ:言語と文学」パートと目的

パート	目　的
パート1: 文化的な文脈における言語	「特定の文化的な文脈において言語がどのように発展するか、それが世界にどのように影響するのか、また言語が個人と集団のアイデンティティーをどのように形成するのかを探究」すること。
パート2: 言語とマスコミュニケーション	「言語がメディアでどのように使われているかを考察する」こと。その際のマスメディアには、「新聞、雑誌、インターネット(ソーシャル・ネットワーキングなど)、携帯電話、ラジオ、映画などが含まれ」る。
パート3: 文学—テクストと文脈	IBでは、文学作品も社会的な文脈に影響されながら形成をされているという立場にたち、パート3では社会の問題と文学との関係を考察することと「受け継いだ文学と文化的伝統に基づき、そして同時にこれらを変容させているかを考察すること」が目的である。さらに、パート3では、必ず一作品は翻訳文学を学習することと規定され、その学習を通し、学習者自身の文化を振り返ることも期待されている。
パート4: 文学—批判的学習	文学作品の詳細な分析を行うことを通して、学習者は、文学作品を味わい、その複雑性を楽しみながらも自身で考察、分析できる力を育むこと。

2──「言語と文学」の目的

「言語Ａ:言語と文学」の目的は、「批判的リテラシー」の理解を育むことであると規定されている(『手引き』p.7)。IBでは、文学的テクストも、非文学的テクストも、文化との関わりの中で形成されていると考えられている。生徒は、様々な言語やテクストに触れ、それらがどのような意味を形成してい

るかを考えることを通し、その言語やテクストの背景にある文化を理解することが期待されている。ただ、ここで述べられている「文化」とは、国や民族で共有される価値や規範などを意味するだけでなく、若者言葉とのつながりで言えば世代間の価値の違いなど、また方言を糸口とした特定の地域における文化など、細分化されながらも、お互いが重なり合いつつ、密接に関わるという非常に幅広く、かつ重層的な意味で使用されている「概念」であり、生徒もその複雑性を理解し、考察することが求められている。同時に、生徒はその言語やテクストが社会や文化に対して与える影響についても、考察できるようになることが求められている。

　言い換えるならば、生徒は「言語と文学」において文学的・非文学的テクストを問わず、そのテクストの文化に与える影響を分析することを通して、自明のものとして捉えている文化を批判的に考察し、自分が存在する空間を相対的に見ることができるようになることが期待されている。

　「言語と文学」は先述の通り四つのパートで構成されている。それぞれのパートの学習内容は大まかには国際バカロレア機構(IBO)により参考例として提示されている。しかし、基本的には授業者がそれぞれの学習者の状況に応じて柔軟に設定をしてよい。パート3と4は文学作品の学習で、それぞれのパートで2から3作品ずつ文学作品について学習を行う。学習する作品は、「言語A：文学」と同様の『指定作家リスト (PLA)』や『指定翻訳作品リスト (PLT)』(▶資料編①②参照) をもとに、授業者が学習者に適したものを選ぶこととなっている。パート1とパート2は、非文学テクストについての学習である。しかし、非文学テクストは、評論や随筆、新聞から、雑誌、広告、ブログ、ホームページ上にアップされている動画など多岐にわたり、そのすべてを深く取り扱うことはできない。そのため、それぞれの授業者が学習者のレベルなど背景を鑑み、それに合わせた材料を集め、教材作りをしなければならない。

　そのため、例えば同じパート1「文化的な文脈における言語」でも、焦点をジェンダーと言語にあてるのか、方言など地方と中央との関係を考える言語にあてるのか、あるいは日本語の特徴にあてるのかなど、テーマは授業者や生徒の状況によって異なる。特に日本に長く住む1条校に在籍する生徒に

とって、方言や女性言葉などは、どのように社会でそれらの言語が使用され、社会的にどのような議論がおきているかについて、日常生活の中で学び取っていることが多い。その意味では、単にジェンダーと言語がどのように関わっているかなどを説明するのではなく、生徒たちが生活で接する雑誌や漫画、広告などの表現で「女性」や「方言」がどのように表されているかを具体的に考察させるような授業となり得るだろう。

　また、「言語と文学」は同じグループ1の「言語Ａ：文学」以上に歴史的背景など「文脈」と作品との関係が強調されているため、文学作品や非文学テクスト自体だけでなく、その背景にある社会背景、歴史的背景の指導が非常に重要となってくる。文学作品を取り扱うパート3では、取り扱う作品や授業活動は「言語Ａ：文学」と非常に似てくる。しかし、外部評価の「試験問題2」では、「言語Ａ：文学」の「試験問題2」（▶**資料編⑦参照**）とは異なり、現在の私たちが、どのようにその作品を解釈するかを述べることを求める問いが出題される。つまり、作品が書かれた社会的・文化的背景が異なる「いま・ここ」に生きる私たちが、どのようにその作品を理解するかを論じることが要求されるのである。そのため、作品の時代背景と文化背景を深く理解し、生徒が自分の中で物語の世界を再構築し、その解釈とその論理的根拠を自らの言葉で述べられるようになることが必要となってくるのである。よって、「言語と文化」の授業では、時には国語の授業でありながら近代史や政治制度の説明など社会科の授業のような指導をすることもあれば、作品を自己の中で再構築するために、授業内で生徒自身のものの考え方や感じ方を振り返り、家族関係について語らせたり、異文化での体験を語らせたりと自分語りをさせることもある。まさに、教科横断的な授業である。

3──「言語と文学」の授業風景

　さて、そこでより具体的に「言語と文学」の内容をイメージしてもらうために、特に「言語Ａ：文学」では取り扱わない非文学テクストのパートにおける授業内容の一部を紹介する。

授業例①：「性別と言語」の学習──教材『山田くんと7人の魔女』

　「言語と文学」で頻繁に取り扱われる題材に、「社会における女性像や男性像

の構築に言語がどのように関わっているか、また言語がそれぞれのイメージの構築にどのような影響を与えているか」というものがある。男性や女性などのそれぞれの「性」に対するイメージが言語を通してどのように表現されているかを学ぶためには、小説など創作的文章を用いるのも効果的であろう。なぜならば、性別というものを強く意識させるためには、人物描写において誇張した表現が必要となる。かつ、その描写にあたっては、実際の女性や男性の言動を誇張するだけではなく、書き手の中にあるそれぞれの性に対するイメージが読者の期待する女性像や男性像と融合した形で表現されてくる。そのため、創作的文章におけるそれぞれの人物描写を分析することを通して、書き手や読者に影響している社会に存在する「女性像」や「男性像」を掘り起こし、生徒達は日常生活において見えないものとされているそれぞれのジェンダーステレオタイプに自覚的になると同時に、それが言語を通していかに構築されているかを学ぶことができると考える。

　その学習において、創作的文章の中でも特に漫画雑誌は、以下の点から教材として使用するのに適していると考えられる。まず漫画は、絵があることで、小説などよりも登場人物の描写について、読み手の間で共通認識がもちやすい。さらに、絵を用いた人物描写は小説や随筆など言葉による人物描写よりも、行動や容姿において「男／女らしさ」が明確に表現をされやすい。そのため、登場人物の行動などを生徒達も具体的に想像しやすく、かつ分析に取り組みやすくなる。

　次に、日本における漫画雑誌は実際の読者層は別として、作り手側が対象とする読者層がある程度明確になっている。つまり、小学生男子を対象としている雑誌『コロコロコミック』、中高生男子を対象とする『少年ジャンプ』や『少年マガジン』、そして、女子を対象とした『りぼん』『ちゃお』『なかよし』など、團（2014）によれば、これらには社会的な共通認識がある。そのため、それぞれの雑誌の読者層がもっている「男／女らしさ」のイメージが作品の中に反映されやすくなる。そして、それらを分析することを通して生徒は読者としての自分がもつ「ジェンダーバイアス」に自覚的になる機会をもつことができる。

　以上を踏まえ、筆者は、『週刊少年マガジン』に収録されている古河美希の

③ 非文学テクスト「漫画・落語・新聞記事」―「言語Ａ：言語と文学」

『山田くんと7人の魔女』を用いて授業を行った。『週刊少年マガジン』は、主に青年男性を対象とした雑誌である。そこでは、特に女性の表現において、絵では胸のふくらみや丈の短いスカートなどが誇張して描かれる。と同時に、実際の女性以上に、「～よね」や「ねえねえ」など男性に甘えるような言動を用いて登場人物が描かれている。

授業では、このような抜粋を生徒に提示し、女性の登場人物の描写を箇条書きで書かせる、もしくは作品に直接書き込ませた上で、特徴をまとめさせていく。そして、「実際の女性とそれらの描写との間に差がないか」という問いを生徒に投げかけ、「その表現の背景に、社会が期待する『女らしさ』のイメージがあるのではないか」、そして「それはどのようなものであるか」を考察させていく。考察の際には、想定されている読者層を考慮にいれることが重要である。これが小学生を対象とした雑誌であれば、また女性を読者とした雑誌であれば同じような表現をしただろうか、といったことを検討していくこと。その重要性を授業内で何度も喚起することは、読者の期待によってもつくりあげられていく言語、つまり、言語が文脈の中で構築されているということを理解する上で不可欠であると考える。

そして、また、そのような言語表現に至るまでの文化的背景、また書き手や作り手の意図がどのよう作用しているかを分析することは、生徒が生涯で触れる文章を批判的に考察する力を身につけることにつながると考える。

授業例②：自称表現と他称表現の日本語と他言語の比較――教材「落語」

言語と文化の結び付きを学習するために、「翻訳」を用いることも有効であろう。それぞれの言語には、単に他の言語に変換させただけでは通じない表現というものが存在する。例えば、授業例①で紹介した「～よね」など女性が使用するとされている終助詞も翻訳できない表現である。それは文化と密接に関わっているものであることから、文化が異なる言語ではそれを表す表現が無く、結果として異なる表現を使用することとなり、直訳では表現ができなくなってしまうのである。

そこで、「言語と文学」の授業としては、ある日本語のテクストを英語などの他言語に訳すことを通して、「訳すことができない言葉」または「訳すことはできても訳しただけでは意味が通らない表現」が数多く存在すること、さら

141

第3章 「言語A」の実践報告

にそこから言語は文脈があって初めて意味をなすものであることを生徒に理解させるというものが考えられる。もちろん、その学びの過程においては、特に母語話者が自明の理としている価値観を学ぶこととなり、自分のもつパラダイムを相対的に見ることができるようにもなると期待される。

　こうした学習のためには多様なテクストを題材として使用することができる。中でも特に「落語」は生徒の関心を引き出し、かつ、文化と言語の関わりが非常に明確に表れてくるため、教材として価値がある素材である。江戸落語における「時そば」が上方落語では「時うどん」と呼ばれるように、落語は地域の文脈に強く依拠して発展してきた芸能である。つまり、たとえ、同じ言語の話者であったとしても、共通の習慣など似たような背景を共有していなければ、中心的話題や面白さを理解ができないのである。よって、落語はそのほかの芸能以上に、ただ単語を翻訳しただけでは意味を伝えることが非常に難しいものである。

　現在、英語で落語を行う落語家に「立川志の春」という人物がいる。彼は、江戸の古典落語を英訳し、様々な国の観客の前で興行をしている。筆者の勤務校では、高校1年時に自主ドキュメンタリー作品を作成するという課題に取り組んでいるが、履修生の中に、この立川氏に関する映画作品を作成した生徒たちがいた。彼らは、立川氏にインタビューし、英語で表すことのできない日本語表現や、その背景にある日本文化について聞き取りを行い、それをドキュメンタリー映画にまとめた。そのインタビューの中で、日本語の自称表現と他称表現の多様さが話題に上った。そこで、「言語と文学」の授業において、それを切り口に生徒たちは「私」や「お母さん」を意味する日本語の単語の多様性と、それが英語に訳された際、意味が伝わるか否か、意味を伝えるためにはどのような英語を使わなければならないかといったことを考察し、発表を行った。

　こうした発表や議論の経験を通して、生徒達は、日本語の背景には、相対的な立場で呼称を変える(例えば、夫が妻を子どもの前で「お母さん」と呼ぶ)ことから、日本人の人間関係の考え方や構築の仕方を学び、私たちが自明のものとして、築いていた人間関係というものが他の文化の文脈では当たり前ではないことを考察していった。

③ 非文学テクスト「漫画・落語・新聞記事」─「言語Ａ：言語と文学」

このように、それを他言語に変換してみる、または日本以外の文化の中で聞かせるために編集をしてみるという作業を行うことで、これまで自分たちが当たり前に捉えていた表現が使用できない、または相手に伝わらないことを実感し、言語と文化のつながりを認識することができる。

授業例③：言語と社会の関わり──教材「保育園落ちた日本死ね」の記事

「保育園落ちた日本死ね」の記事は、言語とジェンダーの関係、また、スティグマ（負の表象、レッテル）を呼び起こす言語について考えることができる。そして、言語が社会に与える影響など「言語と文化」のつながりを学ぶ上でも、様々なアプローチから指導でき、かつ多様な学びを得ることができる。本記事は、2016年2月にインターネット上に匿名で発信をされたツイッター記事である。それが国会質問で取り上げられたことで、注目を集め、待機児童問題の解決を求める大きな社会運動へとつながっていた。

意図的か否かは不明ではあるが、この記事は人々の関心を集めるための仕掛けが施されていた。まず、この記事は「私活躍できないじゃねーか」という「私」という一人称を使用した文面から女性が書いたと想定される。しかし、「じゃねーよ」や「くそ」「まじ」など非常に強い口調で、一般的に女性が使用すると周囲に敬遠されてしまう表現が多用されている。また「死ね」といったインパクトのある表現が使用されることで、記事を目にした人への強い注意喚起の効果がある。このような過激な言い回しは、もちろん人々の嫌悪感を呼び起こすものでもある。そのため、この記事を巡っては、その年の流行語大賞に選ばれると同時に、この記事に対する批判的な意見も多く発表された。

この記事を巡る一連の流れは、言語使用における規範をさらしだすことでもあり、規範を崩された際に言語が人々の感情にどのように働きかけるのか、そして、それが社会全体に対してどのような作用するのかを描き出すものでもあった。

非常に興味深い内容なので、筆者は授業で本記事も教材として使用した。しかし、この記事に関しては、記事そのものだけでなく、その後の記事を巡る社会の動きなども学習内容の一つとして入れることが重要である。そのため、授業では、当該記事における修辞法や人々が関心を寄せた理由をグループなどで分析をさせ、授業者としてこの記事を巡る一連の流れや批判意見な

第3章　「言語A」の実践報告

どを紹介した。その上で、再度クラス全体で言語と社会の関わりについてディスカッションを行い、考察を深める形をとった。

4──評価

　先に述べた学習の経験は、最終的には、2種類の外部試験と記述課題、そして、口述コメンタリーと口述課題（発展）とで評価される（表2参照）。

　外部試験は試験問題1と2で構成されている。試験問題1は与えられた非文学テクストを分析し、そこで使用されている言語に関して論じるというものである。試験問題2は、文学作品に関する問いについて論述するものである。記述課題は、非文学テクストに関する学びと文学に関する学びのそれぞれについて、各自でテーマを決め、1,600字から2,000字で記述するものである。口述コメンタリーは、パート4で学んだ文学作品について10分程度口頭で考察を述べるものであり、口述課題（発展）は非文学テクストについて学んだことについて各自でテーマを設定し口述活動を行うものである。

　試験内容は、「言語Ａ：文学」と類似している点が多い。しかし、大きく異なるのは、「言語と文学」では、記述課題において小論文形式が禁じられ、口述発表ではプレゼンテーション形式での発表をできる限り避け、創作的な記述を行い、かつ発表を行うことが求められている点である。例えば、口述発表では、非文学テクストにおける技法に関する学びをもとに、実在する政治家になったつもりで演説を作ってみる、または、言語に関するテーマで、ラジオ番組やテレビ番組を作成することなどが期待されている。プレゼンテーションを行う場合でも、教室内でのプレゼンテーションではなく、「広告会社の社員として新しい広告についてプレゼンする」など設定を創作的に考え、行うことが求められるのである。

　また、記述課題の例としては、登場人物になったつもりでほかの登場人物に対して手紙を書く、作品の後日談を創作するなどが代表的なものとして挙げられる。非文学テクストの学びに基づく記述課題では、広告分析の発表を行うと想定し、その原稿を作成する、新語や略語に関する新聞記事や雑誌記事を作成する、ある語の歴史的背景に関する教科書の解説記事を作成するなどが例として挙げられる。中には、非文学テクストの学びと文学の学びを組

③ 非文学テクスト「漫画・落語・新聞記事」―「言語Ａ：言語と文学」

▼表2：「言語Ａ：言語と文学（SL）」評価

構成要素	配点
【外部評価】（3時間）	70%
試験問題1：テクスト分析（1時間30分） •試験問題は、初めて読むテクスト2つで構成される •生徒は、そのうちの1つについての分析を書く。（20点）	25%
試験問題2：小論文（1時間30分） •生徒は、パート3で学習した文学テクスト両方に基づいて、6つの設問のいずれかに答える小論文を書く。質問はHLと同じものを使用するが、評価規準が異なる。（25点）	25%
記述課題 •生徒は、コースで学習した素材に基づいて、少なくとも3つの「記述課題」を作成する。 •そのうち1つを外部評価用に提出する。（各課題につき20点） •この課題は800～1000語（日本語の場合は1600～2000字）とし、それに加えて「課題の解説」を200～300語（日本語の場合は400～600字）で添えなければならない。	20%
【内部評価】	30%
以下は、コース修了時に学校内の担当教師による内部評価を実施した後、IBによる外部モデレーション（評価の適正化）を行う。	
個人口述コメンタリー •生徒は、コースのパート4で学習した文学テクストからの抜粋について論評する。（30点） •生徒には、「考察を促す問い」（ガイディング・クエスチョン）が2つ提示される。	15%
口述課題（発展） •生徒は、「口述課題（発展）」を少なくとも2つ完了する。そのうち1つはパート1、もう1つはパート2に基づいたものとする。 •「口述課題（発展）」のいずれか1つの得点が、最終評価用に提出される。（30点）	15%

（『手引き』p.29）

み合わせ、文学作品の登場人物に関する新聞記事を作成するというものもある。しかし、多くの生徒は自分で物語を創作し、それを人前で演じることに戸惑いを感じることが多いようである。そこで、授業内では早い段階からロールプレイやドラマなど体を使った活動を取り入れ、生徒が自分の感情を人前で表現することの抵抗を減らすことも重要となるだろう。

第3章 「言語A」の実践報告

5──おわりに

　このように「言語と文学」では、文学テクストと非文学テクストの両方の学習を通して、学習者が生涯にわたって、彼らが触れるテクストを鵜呑みにするのではなく、批判的に考察できるスキルを身につけることがねらいである。自分のもつバイアスに自覚的になりつつ、文章にかけられているバイアスに惑うことなく、相対的にものを見つつも、自分が正しいと思える考えを構築していく力をつけさせていく科目である。その意味では、生涯にわたる批判的思考力を体得することを目的としているIBプログラムにおいても大きな意味をもつ科目であると言えるだろう。また、非文学テクストの学習が半分を占める「言語と文学」は、日本の国語教育との親和性も高い。事実、「言語と文学」を担当する教員の中には国語の教科書を使用し、指導をしている教員もいる。なぜなら、「言語と文学」で学ぶことが期待されている重要概念のいくつかは、日本の教科書でもその概念を学ぶことが想定されている場合が多いからである。

　例えば、ほぼすべての高等学校の国語科の教科書には、池上嘉彦、鈴木孝夫といった言語学者から、大岡信、俵万智といった文学者まで、多彩な視点から「言語」について論じられた教材が収録されている。その作品を読むだけでも、生徒は社会における言語の役割や意味を考察する機会をもつことができる。さらに、コラムとして「母語と母国語の違い」や「言語の分節化や恣意性」などの概念説明を行っている教科書もある。これらは、重要概念を体系的に扱う上で大変助けとなるものである。

　また、高等学校の教科書は、古典と現代文と分けて編集されている。しかし、生徒が芥川龍之介の「羅生門」を学ぶ時期に古典では『今昔物語集』が学べるように構成されている教科書もあり、多くの現代文の教科書が「羅生門」の原典となった『今昔物語集』の「羅城門の上層に登りて死人を見る盗人の語」を収録し、そのつながりを学べるような工夫をしている。つまり、過去に書かれた文章を、近代に生きる人がどのように解釈し、どのように表現し直したのかを学べるつくりとなっているのである。また、「羅生門」を学ぶ時期に、『宇治拾遺物語』から「絵仏師良秀」を学べるようになっている教科書も多く、その構成により、授業者は同じ作家の「地獄変」についても指導をすることがで

③ 非文学テクスト「漫画・落語・新聞記事」―「言語Ａ：言語と文学」

きる。これは、芥川が古典文学をもとに近代小説をつくりあげていった過程を、より多面的に学ぶ機会を得られることを意味している。

「言語と文学」では、学ぶべきテクストが書かれた時代などの背景を理解した上で、作品の主題の解釈を行うと同時に、「いま・ここ」に生きる私たちがどのように個々の作品を理解するかを、自覚的に分析できるスキルを身につけることも重視している。『今昔物語集』や『宇治拾遺物語』を学びながら、それが翻案された「羅生門」を学ぶことは、そのようなスキルを身につける上でも、役立つものといえるだろう。

このように、生徒がIBの「言語と文学」で学ぶ「概念」について、教科書を通して、従来の国語教育においてもすでに学習がなされているのである。今後IBプログラムを導入する学校において、「言語Ａ：言語と文学」は特に受け入れやすい性質をもっていると考える。1条校において「言語と文学」がどのように導入され、どのように発展をしていくのか、非常に注目するところであるといえるだろう。

(樋口さやか)

【参考文献】
團康晃(2014)「マンガ読書経験とジェンダー――二つの調査の分析から」『マスコミュニケーション研究』85: pp.205-224.
古河美希「山田くんと7人の魔女」『週刊少年マガジン』2016年11月23日号、講談社

第3章 「言語A」の実践報告

④ 単元「他者と生きる」（「水の東西」「ひかりごけ」など）—MYP

┃キーワード┃ MYP・概念（重要概念／関連概念）・文化・他者・オリエンタリズム

1──MYP（中等教育プログラム）とは

　国際バカロレア（IB）というと、どうしてもディプロマ・プログラム（DP）のイメージが強く、「世界共通の大学入学資格」という言葉で語られることが多い。しかし、DPとMYP（中等教育プログラム）は、その理念や精神において軌を一にしながらも、それぞれプログラムとしての独立性も有しており、それらを一括りに論じてしまうことは各プログラムの特質や有用性を捨象することになりかねない。特にMYPはDPに比べて様々な面で自由度が高いという点で、日本の教育に対する親和性もより高いように思われる。

　その自由度は、特に教材の選択において顕著である。MYPはDPの「指定作家リスト（PLA）」（▶**資料編①参照**）のような制限やパートごとの規定は特に示されておらず、授業者は自由に教材を使用することができる。それでは、MYPの単元設計を形づくるものは何かというと、「概念（conpect）」がそれにあたる。MYPでは、「重要概念」と「関連概念」というものが設定されており（▶**p.26-27参照**）、授業者は各単元でそれらの概念を選択し、それに基づいて単元構成を考える。そのため、概念によって単元の輪郭が形づくられ、学習者は、それらの概念を文脈に位置付けながら探究的に学習を進めることができる。以下、実践を通して、そのイメージを示したい。

2──実践の概要・ねらい

　本稿で紹介する単元「他者と生きる」は、2016年度の2学期に4年生（高校1年生）を対象として行った実践である。「文化」という重要概念を中心に据えつ

148

つ、「異文化」や「他者」、「オリエンタリズム」といったキーワードを付置して単元を構成した。単元で探究する一つの命題（statement of inquiry）は、「異文化や他者へのまなざしは、自己を定義・確立する欲望に支えられている」というものである。

　昨今、「多文化主義」が標榜される中で、「異文化理解」や「他者理解」の重要性が至るところで叫ばれている。その中では、「異文化」「他者」はあくまでも「理解可能なもの」という範疇に回収され、そして、そのような「異文化や他者を理解する力」は、須らくすべての人間が習得すべき力であるかのように語られる。

　しかし、生徒にしてみれば、日々、隣の席に座っている友達とでさえ様々なすれ違いや衝突があるのに、いきなり「異文化を理解しろ」というのはかなり無理があるだろう。自分とは異なるものを理解することはそんなに簡単にできるような代物ではないはずだ。

　もちろんそうした「自分とは異なるもの」を尊重する精神が、IB教育において、そして、これからの世界において、ますます求められていくのは間違いない。しかし、それは、「理解する」こととは違うだろう。むしろ「他者」という存在が、理解不可能なものとして認識された時に初めて、そのような他者とどう生きていくべきかという問題が深刻さをもつのではないか。

　本単元では、そうした異文化や他者への理解や共生をめぐる困難と真剣に向き合い、考え、自分の意見としてまとめあげることをねらっている。

3──カリキュラム・学習者の状況

　MYPでは大きな概念の探究をすることが多くなるため、必然的に一つ一つの単元の時数も大きくなることが多い。大きな枠で単元が設計されるのも、MYPの特徴的な点だと言ってもよいだろう。本単元も2学期の主単元として、比較的大きいスケールで実施した。

　本校の4年生は、高校1年生であると同時にMYP最終学年でもある。これまで積み重ねてきたMYPの学習の集大成になるような1年間にしたいと考え、年度当初より実践してきた。1学期には言語論を中心として、「言語が私たちの認識にどのように関わっているか」といったことを学習している。本

第3章 「言語A」の実践報告

単元では他者の認識や表象が問題となるが、その場合にも、そのような言語による認識・表象という側面は重要な視点となる。「自己と他者」という普遍的なテーマで、これまでの学びをつなげられるようにしてほしいというのが授業者の願いである。

　本校は、帰国子女や外国籍の生徒も一定数在籍しており、色々な背景をもった生徒がいる学校である。日常的に日本語と英語が飛び交い、生徒が外国での体験を語る場面も少なくない。その点では、異文化が比較的身近にあるとも言えるだろう。しかし、それは同時に、本来異質であるはずのものが当たり前になり、感覚が鈍くなっていることを示しているのかも知れない。本当の意味での「他者」と出会ったとき、私たちはどう向き合えば良いのか。この学校の生徒には、特に考えさせたいテーマであった。

　以下に、「ユニット・プラン」と、具体的な「授業の流れ」を示す。なお、1クラスは、およそ30名程度である。

4——ユニット・プラン（MYP）

単元名	他者と生きる	学年	4年	授業時数（時間）	13

探究：単元の目的を確立する

「重要概念」	「関連概念」	グローバルな文脈
文化	登場人物、目的、テーマ、視点	アイデンティティーと関係性

探究テーマ（命題）

異文化や他者へのまなざしは、自己を定義・確立する欲望に支えられている。

探究の問い

事実に基づく問い——　文化はどのように語られる（語られやすい）ものか？

概念的な問い——　他者を理解するとはどういうことか？　他者とはどのような存在か？　「ひかりごけ」は何を描いた物語か？

議論の余地がある問い——　文化は誰が（どこから）語るべきか？　他者を理解することはできるか？　「ニュートラルな語り」は存在するか？　他者について語るべきか？

目標（※ MYPでは、A 〜 Dの目標と、それを構成する3〜5つの要素が設定されている）

目標A：分析

ⅰ．テクストの内容、文脈、言語、構成、技法、およびスタイル（文体）と、複数のテクスト間の関係性を分析する。

ⅲ．例、説明、用語を用いて、意見や考えの理由を述べる。

150

④ 単元「他者と生きる」(「水の東西」「ひかりごけ」など)―MYP

目標B:構成
ⅰ．文脈と意図に応じた組織的構造を使用する。
ⅱ．意見や考えを、持続的で一貫性のある、論理的な方法で整理する。

目標D:言語の使用
ⅰ．適切で多様な語彙、構文、表現形式を使用する。
ⅱ．適切な言語使用域(レジスター)とスタイル(文体)で書き、話す。
ⅲ．正しい文法、統語法、句読法を用いる。
ⅳ．正確に書き、発音する。

総括的評価

評価規準を含む、総括的評価の課題の概要:	総括的評価課題と探究テーマとの関係:
【「他者と生きる」というテーマでのエッセイ】	**【「他者と生きる」というテーマでのエッセイ】**
目標A:分析	概念の十分な理解を示すためには、それが自分の表現したもので適切に使われていることを示す必要がある。書かれたエッセイを見ることで、「オリエンタリズム」という概念が、「偏見」というだけでなく、自己を定義づける欲望に支えられたものとして理解されているかを測ることができる。また、概念をただの知識に留まらないようにするために、その概念を活用して分析や解釈をする機会を設ける。「ひかりごけ」という作品には、「人が人を裁く」という場面が描かれているが、そこにある他者へのまなざしをオリエンタリズム的な視点から分析することで、作品の人物関係やテーマを重層的な文脈において解釈することができる。
・「オリエンタリズム」について、単なる「偏見」にとどまらない深い理解を示し、分析に活用している。	
・「ひかりごけ」について、作品の内実を示しながら、全体として統一感や整合性のある(矛盾のない)分析・解釈をしている。	
目標B:構成	
・段落構成に工夫が見られ、自然である。	
・主張と理由・根拠が効果的に結びついており、一貫性・整合性がある。	
目標D:言語の使用	
・誤字脱字や文法的な誤りが全く見られない。	
・語彙・文体(言葉遣い)が適切かつ効果的である。	

学習の方法(ATL)

思考スキル(批判的思考):述べられていない思い込みや偏見を認識する。様々なテクストの中で文化や他者がどのように語られているかを分析することで、そこに偏見や固定観念が潜んでいる場合があることを理解する。
コミュニケーションスキル(コミュニケーションスキル):他の生徒や教師と考えや知識について話し合う。異文化や他者について、自分自身の経験に照らし合わせながら話し合うことで、実感の伴ったコミュニケーションをはかる。
自己管理スキル(振り返り):内容を検討する。
－今日、何について学んだのか?
－まだ理解していないことは何か?
－今、どのような質問があるのか?
学習した教材がどのように関連しているかを確認し、単元全体の見通しと振り返りを行う。

第3章 「言語A」の実践報告

行動：探究を通じた指導と学習

内容	学習プロセス
1. 山崎正和「水の東西」を読解する。 2. 高階秀爾「『間』の感覚」を読み、「水の東西」との共通点を話し合い、発表する。 3. ルース・ベネディクト『菊と刀』を読み、「水の東西」「『間』の感覚」との違いを考え、共有する。 4. 本橋哲也『ポストコロニアリズム』を読んで「オリエンタリズム」という概念を理解し、例を考える。 5. 岡真理「『他文化理解』と『暴力』のあいだで」に書かれてある事例（西洋フェミニズム）について、オリエンタリズムの視点から考える。 6. ステラ・ヤングのTEDスピーチ（感動ポルノ）について、オリエンタリズムの視点から考える。 7. ここまでの内容を踏まえて、「他者と生きる」というテーマについて話し合う。 8. 武田泰淳『ひかりごけ』（劇団四季による創作劇）を観て、気づいたことや疑問を共有し、最後の場面の意味を考える。 9. 「『ひかりごけ』は何を描いた物語か？」について、模造紙を用いて話し合う。（求心法） 10. エッセイを執筆する。	**学習経験と指導方法** ・深く思考することが好きな生徒が多い。一方で、それをまとめたり、他の人と意見をぶつけ合ったりすることを苦手とする生徒も少なからずいる。自分の意見をまとめる機会を保障するようにする。 ・1学期には言語論を中心として、言語が私たちの認識にどのように関わっているかを学習している。今回の他者を認識・表象する場合にも、そのような言語による認識・表象という側面は重要な視点となる。「自己と他者」という普遍的なテーマで、これまでの学びをつなげられるようにする。 ・同じく1学期に学習した「羅生門」も、エゴイズムという「自己と他者」の問題に関わる教材である。折に触れて、振り返らせたい。 ・抽象的な語彙の理解に困難を感じる生徒が多い。丁寧に理解させていく。 **形成的評価** ・「文化はどのように語られる（語られやすい）ものか？」についての考え（記述の確認） ・「文化は誰が（どこから）語るべきか？」についての考え（記述の確認） ・「他者を理解することはできるか？」「他者を理解するとはどういうことか？」「『ニュートラルな語り』は存在するか？」「他者について語るべきか？」「他者とはどのような存在か？」についての議論の過程（観察、記述の確認） ・「『ひかりごけ』は何を描いた物語か」について、模造紙を用いて話し合った過程（観察、記述の確認） ・文化論に関する読解テスト（随時語彙テストの実施） **差別化した指導** ・日本語の不得意な生徒には読み仮名を振ったプリントを配布する。 ・自分の考えを記述させる時間を保障する。 ・話し合い活動の際も記述させたことをもとに行う。付箋を用いたり、記述した紙を回したり、模造紙を用いたりすることで、バリエーションも生まれる。 ・考えが浮かばない生徒に対してガイディング・クエスチョン（考察を促す問い）を与える。 ・参考資料を複数用意する。 ・成果物の相互評価を行う。

152

④ 単元「他者と生きる」(「水の東西」「ひかりごけ」など)—MYP

リソース(資料、備品、機器)
教材—教科書:山崎正和「水の東西」、高階秀爾『『間』の感覚』、ルース・ベネディクト『菊と刀』、本橋哲也『ポストコロニアリズム』、岡真理「『他文化理解』と『暴力』のあいだで」、ステラ・ヤングの TEDスピーチ(感動ポルノ)、武田泰淳『ひかりごけ』(劇団四季の創作劇) 参考資料:鷲田清一「他者を理解するということ」、岡真理「開かれた文化」、川田順造「記録すること、表現すること」 自習課題:鎌田遵『ネイティブ・アメリカン』(入試問題) 定期テスト:初見の比較文化論より出題

振り返り　探究の計画と過程、影響を考える

単元の指導前	単元の指導中	単元の指導後
• 教材の難易度は適切か。特に、帰国子女生徒は抽象的な語彙の理解に困難を感じる場合も少なくない。 • 「文化」という側面から「他者」という側面への発展に無理はないか。 • 「オリエンタリズム」について正しい理解ができるか。表層的な理解で終わってしまわないか。 • 倫理的な側面に問題はないか。	• 教材に対して、抵抗感をもつ生徒はいないようで、興味をもって読んでいる。 • 「オリエンタリズム」の理解が難しい生徒が少なからずいた。「ひかりごけ」とこれまでの学習をどう結びつけて良いのかわからない生徒もいた。 • すんなりとつなげられる生徒もいる。交流を通して、うまく共有させたい。 • 話し合いは積極的に行っている。特に、「ひかりごけ」の後の話し合いは自然発生的にいろいろな意見が飛び交い、充実していた。	• 条件の付いたエッセイを書かせることで、活用せざるを得ず、より深く概念を理解した生徒が多かった。参考資料を読んだり、もやもやした自分の考えを他の生徒にぶつけてみたりと、積極的に自分の考えを深めようとする姿も見られた。 • 完成したエッセイもとても充実した内容のものが多かった。頭でっかちに考えるのではなく、自分の素朴な疑問や問題意識から出発して考えているものも見られた。

153

第3章 「言語A」の実践報告

5──授業の流れ

時	活動内容	指導上の留意点・評価
第1〜6時	1. 山崎正和「水の東西」を読解する。 2. 高階秀爾「『間』の感覚」を読み、「水の東西」と比較する。 　(1)二つの共通点を付箋に書き出す。 　(2)グループで共有し、クラス全体で発表する。 　(3)「文化はどのように語られる(語られやすい)ものか？」を考える。 3. ルース・ベネディクト『菊と刀』を読み、「水の東西」「『間』の感覚」と比較する。 　(1)筆者の主張に納得か反対か意見を交換する。 　(2)二つの違いを考え、なぜそのような違いが表れるかを理解する。 　(3)「文化は誰が(どこから)語るべきか？」を考える。	2(3) 二項対立的に語られやすいことや具体的な事例から抽象的な精神性が論じられやすいことなどを理解させる。 3(2) 誰がどこから語っているかという立ち位置によって意味が変わってくることに気づかせる。 **【評価規準】** 「文化」を論じた文章の共通点や相違点を理解し、自分の考えを深めている。(読むこと)
第7〜8時	1.「オリエンタリズム」という概念を理解する。 　(1)本橋哲也『ポストコロニアリズム』を読み、オリエンタリズムと似た例を考え、発表する。 　(2)岡真理「『他文化理解』と『暴力』のあいだで」の事例(西洋フェミニズム)とステラ・ヤングのTEDスピーチ(感動ポルノ)について、オリエンタリズム的な視点から分析する。 2. ここまでの内容を踏まえて、「他者と生きる」というテーマについて意見を交換する。 　(1)他者の理解や表象をめぐる問題について、自分の意見を書く。 　(2)意見を書いた紙をグループで回し、他の人の意見に対してコメントをする。	1(1)(2) オリエンタリズムが単なる偏見というだけでなく、客観的・中立的に見える言説や助けようとする言説、肯定的に評価しようとする言説にも表れることを理解させる。 **【評価規準】** 「オリエンタリズム」について理解し、自分の考えを深めている。(読むこと)
第9〜11時	1. 武田泰淳『ひかりごけ』(劇団四季による創作劇)を観る。 　(1)概要を理解する。 　(2)第一・二幕を、メモを取りながら視聴する。 　(3)気づいたことや疑問を発表し、共有する。 　(4)原作第二幕を読み、最後の場面の意味を考える。 　(5)「『ひかりごけ』は何を描いた物語か？」について、模造紙とマジックを用いて話し合う。	1(2)(3) 便宜上、「人物」「舞台」「演出」などの観点からメモを取らせる。 1(4)(5) 劇の内容を単純に原作者の意図として還元しないよう注意させる。 **【評価規準】** 『ひかりごけ』について、表現に即して分析・解釈している。(読むこと)

154

④ 単元「他者と生きる」（「水の東西」「ひかりごけ」など）―MYP

	1. エッセイを執筆する。	1 (2) PCで作成させる。
第12〜13時	(1) 前時に使った各班の模造紙を掲示し、他の班の意見を見ながら、自分の考えを深める。 (2) ルーブリックに則ってエッセイを作成する。 (3) 適宜参考資料を読む。 2. エッセイのフィードバックを受ける。(後日) (1) 教師のコメントを見て、振り返る。 (2) 優れた生徒のエッセイを読んで、振り返る。	1 (3) 参考資料：鷲田清一「他者を理解するということ」、岡真理「開かれた文化」、川田順造「記録すること、表現すること」 【評価規準】 主張と根拠が効果的に結びついており、一貫性をもって書いている。(書くこと)

6──授業風景

先に示した「授業の流れ」の内、いくつかの場面を取り上げて解説する。

第1〜6時の2

(1)「水の東西」と「「間」の感覚」の共通点について、個人で気づいたことを書き出す。

初めに、個人作業の時間をとった。個人の考えがないままグループワークを行っても、あまり実りある活動とならないことが多い。全員の参加を保障するためにも、付箋などを用いて考えを書かせることは効果的である。今回は、あまり形式ばらないよう、まずは自由にアイディアをたくさん書き出させることに重点を置いた。

(2)グループで付箋を貼りながら共有する。

それぞれがどのようなことを書いたのか、付箋をA3の紙に一枚一枚貼りながら5人1グループで共有をさせた。全員が付箋をただ貼るだけだと、情報が整理されないまま、表面的な共有で終わってしまうため、次のような手順で行った。

①書いた付箋を一枚示し、どのような意図でそれを書いたのかを説明しながら貼る。
②疑問や反論があれば確認をする。同じようなことを書いた付箋があれば、付け加える。
③次の人が、新しく一枚示し、説明する。これを全員の付箋がなくなるまで繰り返す。
④付箋を分類し、カテゴリーに名前をつけたり、関係性を記号で図示したりする。

このような手立てを用いることで、一人の生徒がしゃべりすぎたり、逆に参加していない生徒がいたりすることを防ぐことができる。また、その都度

本文に立ち返らせる機会にもなっている。
(3)班ごとに発表し、クラス全体で共有する。
　日本と西洋との対比、二項対立には、多くのグループが気づくことができていた。その他、論の進め方が具体物から日本人の精神性などの抽象的な主張へと発展していることを指摘するグループもあった。
　ここでの学習は、本単元のいわば前提部分となる。「筆者の言っていることにあまり納得できない」という意見もあり、文化や他者を表象する行為に潜むある種の暴力性を感覚的に捉えさせる入口にもなったかも知れない。クラスで出た意見を「文化はどのように語られる（語られやすい）ものか？」という問いに対する答えとしてまとめさせた。

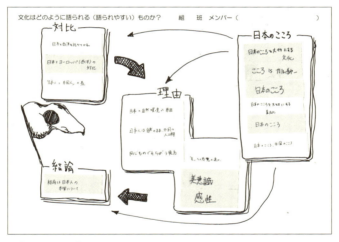

【生徒作品例】文化はどのように語られる（語られやすい）ものか？

第9〜11時の1

(1)上演された『ひかりごけ』の映像を、メモを取りながら視聴する。
　劇団四季による『ひかりごけ』は、戦時中に難破した船の船長が仲間の船員の肉を食って生き延びるという極限状態を描いた第一幕と、その船長が法廷で裁かれる姿を描いた第二幕から成っている。そこでは、当事者ではない人間が裁くことの是非が鋭く問われており、「他者の理解や表象の困難・不可能性」という意味で、ここまで学習してきた「オリエンタリズム」や「西洋フェミ

④ 単元「他者と生きる」(「水の東西」「ひかりごけ」など)—MYP

ニズム」、「感動ポルノ」と通じるところがある。

　授業では、2コマに分けて視聴をした。1コマ目は、『ひかりごけ』の概要を説明した後、途中をカットしつつ第一幕を視聴、2コマ目は第二幕をすべて視聴した。その際、便宜上「人物」「舞台」「演出」という観点からメモを取らせたが、それはこれらの観点で第一幕と第二幕の違いが際立っており、わかりやすいと考えたからである。

(2)気づいたことを共有する。

　第二幕の視聴直後、板書の準備をしている間に席が近い生徒同士で気づいたことを話させた。物語の終わり方が象徴的なこともあり、すぐにざわざわと話し始める様子が見られた。その後、自由に発表をさせたところ、例えば次のような意見が出た。

〈人物〉
・検事などの見物人がお面で表現されていたり、声が加工されたりしているから人間味がない。
・船長の言葉が方言から標準語に変わっている。服などの見た目も変わっている。
〈舞台〉
・箱のような空間で窮屈さや閉塞感を感じる。
・白くて無機質な感じがする。
〈演出〉
・「我慢」という言葉が何度も使われている。何を我慢しているのか？
・最後の場面で、船長ではなく、周りの人が緑色に光る。何を意味しているのか？

　他にも様々な意見が出たが、全クラスで共通していたのは概ね上記の点である。最後の場面については、生徒からも疑問があがると考えていたので、原作の当該部分をコピーした資料を用意しておき、授業の終わりに配布して各自で次回までに考えさせることとした。

(3)模造紙で話し合う。

　次の時間では、前時の気づきを踏まえて、「『ひかりごけ』は何を描いた物語か？」という課題について、次の手順で話し合いを行った。

---

①各班に水性ペン8色組を配り、赤・黒・黄以外の色からそれぞれの個人カラーを決める。
②模造紙の四隅に、個人カラーで自分の考えを書く。最後に必ず名前を書く。
③席を移動し、隣の人の意見に対する意見を、個人カラーで書き込む。これを全員分繰り返す。

157

④全体を見て、さらに意見を書き込んでいく。話し合いの中で見えてきた共通点について黒で結んだり、新たな意見は赤で書き込んだりする。
⑤最終的な結論を出し、中心に書く。

　自由に解釈している生徒も多かったが、中にはこれまで学習してきたことと結びつけようとして、「オリエンタリズム」という言葉を使ったり、登場人物同士の関係性に着目したりしている生徒も少なからずいた。

　書き込んだ模造紙は、次の授業までに授業者が黄色いペンでコメントを加え、エッセイ執筆に活かせるようにした。

【生徒作品例】『ひかりごけ』は何を描いた物語か？

第12〜13時の1〜2

(1)前時に使った各班の模造紙を見ながら、自分の考えを深める。

　最終課題として、「他者と生きる」というテーマでのエッセイを課した。条件は、「オリエンタリズム」という言葉を用いることと「ひかりごけ」に対する分析・解釈を含むことの2点である。前時の模造紙を掲示し、自由に見られ

④ 単元「他者と生きる」(「水の東西」「ひかりごけ」など)―MYP

るようにした。生徒は、授業者のコメントを見たり、模造紙に書かれた他の
班で行われた話し合いを見たりして、各自自分の考えを深めていた。

(2)エッセイを作成する。

　エッセイの作成は基本的にPCを使用した。ルーブリック(本稿末参照)を
示してあるので、生徒はそれに則って作成をする。作成するにあたって、共
有フォルダ内にいくつかの資料をPDFデータで置き、適宜参照できるよう
にした。用意した参考資料は「他者を理解するということ」(鷲田清一)、「開か
れた文化」(岡真理)、「記録すること、表現すること」(川田順造)の3点である。
どれもテーマに関して、一つの主張が示されているので、自分の意見を作る
のが難しい生徒の参考となるように考えて用意した。

　授業で学習したことと日々の自分なりの問題意識を結びつけて書く姿が多
く見られ、いかに授業の中で生徒にとってアクチュアルな問題を扱うかが重
要だということを感じることができた。

　後日、エッセイに評価とコメントを付して返却した。また、単元について
一貫した視点でまとめあげているような優れたエッセイをコピーして配布し
た。このようなフィードバックが、生徒の言語能力だけでなく、次の学習へ
の意欲につながると考えている。

7――振り返り・展望

　MYPでは、探究的であることを重視し、その軸として「概念」を設定して
いる。「概念を理解する」ということは、明示的に「この概念はこういう意味だ」
といった知識を与えることだけでなく、様々な角度から思考し、話し合った
りすることを通して、その概念のイメージを豊かにしたり、様々な事象との
つながりを実感させたりすることも含んでいる。そこには、新学習指導要領
で強調される「主体的・対話的で深い学び」の具体化された形の一つを見て取
ることもできるだろう。

　また、「概念」を軸にするということは、単元を発想する出発点が教材単位
ではないということでもある。従来指摘されてきた「教材ありき」を乗り越
え、「教材で教える」ことを実現する視点としても、MYPは有益な示唆を与え
てくれる。本実践でも、そうしたMYPの単元設計のあり方に則り、「文化」

159

という概念をベースとして、多様な学習活動を展開するよう試みた。「文化」やそれを取り巻く様々な問題について探究をすることで、概念の理解を深めることができたように思われる。

　一方、国語教育として、「この単元を通してどのような言語能力が身についたのか」という点は、まだまだ突き詰める必要がある。概念を探究するといっても、そこで身につける言語能力が不明確なままでは、内容主義に陥っているという謗りを免れない。幸田（2016）は価値追究、探究型学習の単元デザインについて次のように述べている。

　　実践の内実が、もしも〈内容・価値〉に偏っている場合には、注意が必要であろう。また、その〈内容・価値〉の内実があらかじめ教師によって措定されたものであるならば、結局手間をかけて決められたゴールに学習者を引っ張っていくだけになりかねない。…「ものの見方・考え方」の理解に目標が設定されると、内容の読み取り、各トピックの知識・理解が教える内容となり、「資質・能力の育成」とは逆行してしまうことになる。(p.31)

　このような課題を解決するために、本校ではMYPと現行の学習指導要領双方の評価の観点に対して規準を設けている（両者の関係性の詳細については、東京学芸大学附属国際中等教育学校（2017）を参照）。本単元も「読むこと」「書くこと」の複合単元として展開し、それらの言語能力の育成や「文化の語られ方について理解を深める」というメタ言語能力の育成をねらったつもりである。概念を探究させる中で、国語教育としていかに言語能力の育成を保障していくか、今後も検討を重ねていきたい。

　最後に、一口にMYPと言っても、その実践は非常に多様である。本稿はできる限り具体的な授業の姿を示したいという意図もあり、一つの単元の形を示したが、これがかえってMYPの画一的なイメージをもたらさないか不安でもある。今後、豊かな実践が蓄積され、共有されていくことを願う。

（廣瀬充）

④ 単元「他者と生きる」(「水の東西」「ひかりごけ」など)—MYP

▼エッセイ作成のルーブリック

評価	【規準A】 分析　iii	【規準B】 構成　i ii	【規準D】 言語の使用 i ～iv
0	□次のいずれの基準にも満たない。(未提出・内容不足)		
1 ～ 2	□「オリエンタリズム」についてほとんど触れられていない、もしくは誤った理解をしている。 □「ひかりごけ」の理解に明らかな誤りがあるか、分析・解釈が示されていない。	□段落構成を工夫しようという意図が全く見られない。 □主張や理由・根拠が示されていないか不明確である。	□読み手に対する配慮が全く見られない(非常に読みづらい)。
3 ～ 4	□「オリエンタリズム」を理解できているが曖昧、もしくはあまり活用されていない。 □「ひかりごけ」について、作品の内実に触れず、なんとなく分析・解釈している。	□段落構成を工夫しようという意図は見られる。 □主張と理由・根拠は示されているが、それらの関係性が曖昧であったり、矛盾していたりする。	□誤字脱字や文法的な誤りがいくつかある。 □語彙・文体(言葉遣い)が不適切である。
5 ～ 6	□「オリエンタリズム」を概ね理解し、活用しているが、やや浅い理解に留まっている。 □「ひかりごけ」について、作品の内実を示しながら分析・解釈しようとしているが、やや統一感に欠ける(細かい指摘のみに留まる)。	□段落構成に工夫がみられるが、流れがぎこちない。 □主張と理由・根拠がおおよそ結びついているが、所々論理に飛躍がある。	□誤字脱字や文法的な誤りが概ね見られない。 □語彙・文体(言葉遣い)が適切である。
7 ～ 8	□「オリエンタリズム」について単なる「偏見」に留まらない深い理解を示し、分析に活用している。 □「ひかりごけ」について、作品の内実を示しながら、全体として統一感や整合性のある(矛盾のない)分析・解釈をしている。	□段落構成に工夫がみられ、自然である。 □主張と理由・根拠が効果的に結びついており、一貫性・整合性がある。	□誤字脱字や文法的な誤りが全く見られない。 □語彙・文体(言葉遣い)が適切かつ効果的である。

【参考文献】

G.ウィギンズ、J.マクタイ、西岡加名恵訳(2012)『理解をもたらすカリキュラム設計 -「逆向き設計」の理論と方法』日本標準

幸田国広(2016)「『資質・能力の育成』をめざす高校国語科の学習指導」『変わる！　高校国語の新しい理論と実践 :「資質・能力」の確実な育成をめざして』大修館書店 pp.22-33

東京学芸大学附属国際中等教育学校国語科 (2017)「平成28 (2016)年度上半期　国語科における授業実践記録および評価に関する取り組み」『国際中等教育研究』(10): pp.3-14

廣瀬充 (2016)「中等教育国語科におけるコンセプト・ベースの単元設計：国際バカロレアMYPから示唆を得て」『全国大学国語教育学会　国語科教育研究：第131回東京大会研究発表要旨集』pp.111-114

※ p.157の模造紙を用いた話し合い活動は本校(2016年度現在)の愛甲修子教諭が「求心法」と名づけて行っている方法を参考とさせていただいた。この場をお借りして謝辞を述べたい。

コラム③

「新学習指導要領」と国際バカロレア

　周知のように、まもなく新しい学習指導要領が施行されます。2016年12月に新学習指導要領に関する中央教育審議会（以下、中教審）の「答申」が公表され、マスコミにも大きく取り上げられましたから、ご存知の方も多いと思います。一体、何がどのように変わるのでしょうか。

　まず、小学校の教育課程ではこれまで高学年で行われてきた「外国語活動」が3・4年生に前倒しになり、5・6年生では「英語」が教科になります。さらに、「プログラミング教育」が創設され、小学校の必修科目になります。改革の波は、小学校の教育課程に留まりません。全学年の全教科で授業の進め方が見直され、「主体的・対話的で深い学び」の充実が求められます。「主体的・対話的で深い学び」とは、ここ数年、注目を浴びている「アクティブ・ラーニング」のことです。「アクティブ・ラーニング」では、グループ・ワークやグループ・ディスカッションなど能動的な教室活動を奨励しており、生徒間の協働学習が中心です。結局、新学習指導要領では「アクティブ・ラーニング」という用語は採択されませんでしたが、意味するところは同じです。

　また、新学習指導要領の文言も、能力を記述する表現 can-do-statement を積極的に採用するようになりました。たとえば、中学校の新学習指導要領の「国語」の目標は、現行のものよりも具体的で、目標が三つに細分化されています。その筆頭は「社会生活に必要な国語について、その特質を理解し適切に使うことができるようにする」となっています。この「〜できるようにする」という書き方が can-do-statement です。もともとは2001年に欧州評議会が発表した CEFR (Common European Framework of Reference for Languages: Learning, teaching, assessment：ヨーロッパ言語共通参照枠) と呼ばれる、外国語の言語能力を具体的に記述する取り組みから広まったものです。また、「〜できる」という目標は具体的であるだけでなく、評価基準そのものでもあり、いわば「逆向き設計」のカリキュラムの考え方です。

　さらに、高等学校の国語では、大きく科目構成も変わり、現在の「国語総合」に代わって、「現代の国語」と「言語文化」が必修科目になります。選択科目としては、「現代文 A」と「現代文 B」が廃止され、創造的に考え、論理的に表現

する力を身につける「論理国語」と、文学作品に描かれた人物の心情や情景、表現の仕方等を読み味わい評価する「文学国語」が新設される見通しです。「国語表現」はそのまま残りますが、「古典A」と「古典B」という名称は無くなり、「古典探究」という科目が新設されます。これらは必修科目ではありませんが、「論理」「文学」「探究」「表現」といったことは、DPの「言語A」が重視しているものと重なります。ちなみに、「文学国語」では文学作品を読んで味わうだけでなく、DPの「言語A：言語と文学」の最終試験のように、創作する能力を身につけることもねらいです。

　「総合的な学習の時間」の取り扱いも大きく変わります。中学校の新学習指導要領では三つの目標が示され、そのうちの一つには「探究的な学習の過程において、課題の解決に必要な知識及び技能を身に付け、課題に関わる概念を形成し、探究的な学習のよさを理解するようにする（下線部は、引用者）」とあります。「探究的な学習」が強調されている点や、新しく「概念」という言葉が盛り込まれている点など、MYPの「言語A」の影響が見て取れます。

　中教審が公表した先の「答申」には、新しい教育課程の理念が次のように記されています。

　新しい学習指導要領においては、教育課程を通じて、子供たちが変化の激しい社会を生きるために必要な資質・能力とは何かを明確にし、教科等を学ぶ本質的な意義を大切にしつつ、教科等横断的な視点を持って育成を目指していくこと、社会とのつながりを重視しながら学校の特色づくりを図っていくこと、現実の社会との関わりの中で子供たち一人一人の豊かな学びを実現していくことが課題となっている。（下線部は、引用者）

　読者の皆さんは、もうお気づきだと思います。下線を付した箇所がIB教育の目指すものでもあることはあらためて言うまでもありません。「協働学習」も「逆向き設計」も、IBのカリキュラムの特徴です。このように、新学習指導要領とIB教育は、その使命や理念を共有し、ともに日本の学校教育に貢献しようとしているわけです。

IB教育について語ろう！

IBワールドスクール出身者による座談会

参加者　小牧 圭（こまき けい）　農坂夢香（のうさか ゆめか）　辻 崇広（つじ やすひろ）　守山美佑（もりやま みう）　河村ひかる（かわむら ひかる）

聞き手　半田淳子（国際基督教大学教養学部教授）

> IB教育は、その授業を受ける生徒の目にどのように映っているのでしょうか。ここでは、IB校出身の国際基督教大学（ICU）の学生たちにお話をうかがいました。

——まず、簡単に自己紹介をお願いします。

小牧圭（以下、小牧）　小牧圭です。専攻は物理学で学年は4年生です。

農坂夢香（以下、農坂）　農坂夢香です。学年は4年生で、専攻は教育学（特に英語教育）です。

辻崇広（以下、辻）　辻崇広です。4年生です。専攻は言語教育で、英語教育について研究しています。

河村ひかる（以下、河村）　河村ひかるです。3年生で専攻は教育学です。

守山美佑（以下、守山）　守山美佑です。1年生で、まだ専攻は決まっていないです。

——皆さんは、どこでIB教育を受けてきましたか。

小牧　僕の場合は、ケイ・インターナショナルスクールという日本のインターナショナルスクールに通っていました。IB教育を特に自ら選択したのではなく、その学校にいたからという流れです。

農坂　東京学芸大学附属国際中等教育学校に通いました。もともと中学2年生まで中国の学校にいたんですけれど、中国から日本に編入するときに編入できる学校がなくて…（笑）。

——ほかの3人の方はどうですか。

河村　私は横浜インターナショナルスクールに通っていました。小さい頃からそこにいて、高校生になったらIBディプロマを取ることが自然な流れでした。

辻　自分は小学校6年生のときに、父親の転勤でイタリアに家族ごと引っ越したので、イタリアのミラノインターナショナルスクールに通っていました。インターに入学したら、いきなり「MYPだよ」と言われ、「MYPってなんだろう」と思いながら授業を受けてきました。

守山　私は小学校4年生のときに父の転勤でアメリカへ引っ越して、そこの現

地校へ２年間通って英語を覚えました。帰国後入学した立命館宇治（中学）は英語教育に力を入れていて、「せっかく中学で取ったのだったら、高校に入ってもIBにしよう」と決意しました。
──IB教育を振り返ってみて、楽しかったですか、つらかったですか。
一同 DP（16歳〜19歳を対象とするDiploma Programme）は絶対つらいですね（笑）。
河村 小学校はPYP（3歳〜12歳を対象とするPrimary Years Programme）だったのですが、中学校のときIGCSE（International General Certificate of Secondary Education英国の義務教育修了資格）を取っていました。私の場合、DPに変わるときにDPがすごく大変で、最初のシフトに慣れなくて…。
──DPは6教科取りますよね。
河村 はい。それに加えて「TOK（知の理論）」と「CAS（創造性・活動・奉仕）」と「Extend Essay（課題論文）」があり、とにかく6教科も大変なのですが、CASなどもちゃんとやらなくてはならず、時間配分が大変でした。
──ほかの方は振り返ってみていかがですか。
農坂 私の後輩がMYP（11歳〜16歳を対象とするMiddle Years Programme）を取ってDPに進んだとき、やはり、すごく大変だと言っていました。IGCSEの時も大変だったのですけれども、MYP

小牧 圭
ケイ・インターナショナルスクール東京卒
（PYP, MYP, DP）

からDPってすごく大変だよって言っていました。
──DPでは、何が一番つらかったんですか。
守山 やっぱり上手な時間の使い方です。
──課題がたくさん出るからですか。
守山 課題もたくさん出るし、先ほど言っていたCASという勉強以外のこともディプロマを取得する上で必要なので、何にどれくらい時間をかけるか、自分に合った方法を探していくしかないので、上手な時間配分を見つけていくことが難しかったです。
──時間を効果的に使う方法ですね。MYPを受けていたお二人はいかがですか。MYPは楽しかったですか。
農坂 MYPということをまったく意識していませんでした。通っていた学校がそうであるからかもしれませんが、日本の学習指導要領とうまく合わせていたので、授業名が特殊ということもなく、普通の授業を受けていながら、評価方法だけが7段階で、なぜだろうと思って過ごしていました。
──海外でMYPを受けた方はいかがですか。
辻 MYPは知識を吸収することが多く、それが自分の場合は助かりました

ね。英語ですべての授業を習ったので、まず英語に慣れなくてはならないところから始まり、2年目からパーソナルプロジェクト（MYPの最終年次で、学習の集大成として取り組む活動）とか課外活動をする時間が増えて、「あっ、MYPはこういうことをするのか、日本と全然違う」ということに気づき、そこからMYPのシステムに慣れていきました。知識のインプットと同時に、英語を習ったことは役に立ったと今でも思っています。自分にとって、いい経験だったと思っています。

――楽しかった思い出はありますか。

小牧 パーソナルプロジェクトは楽しかったですね。

――何をしたのですか。

小牧 自由研究でした。僕がやったのは色々な植物を育てて、音楽を聞かせた植物と聞かせていない植物では、成長の度合いがどのように違うかを調べました。

――モーツァルトを聞かせると成長が早いとか、ですか。

辻 成長に差はありましたか。

小牧 全然ありませんでした（笑）。

――農坂さんたちは何をしましたか。

農坂 私は『論語』が今の日本の子どもたちにどう影響するかを考え、『論語』をテー

辻 崇広
インターナショナルスクール・オブ・ミラン卒（MYP）

マにした子ども向けの本を書きました。

――すごいですね。河村さんはいかがですか。

河村 私の学校では自分の取っている教科から、その分野で自分が好きなことを選んで書きました。私は英語の本を比較して、とくに母性愛について書きました。すごく調べることがあったので、楽しかったというのとは少し違うかもしれないけど、興味があったことだったので、研究している時は面白かったです。

守山 私はEE（課題論文）で生物に着目して、興味のあった味覚とストレスの関係について、長い期間かけて同級生や後輩に協力してもらい、データを取って実験しました。ただ、思っていた結果が出なかったので、失敗についての考察を延々と書いたのを覚えています（笑）。

――それでも別に構わないのですよね。必ずしも成功しなければならないわけではないのですね。

辻 僕のパーソナルプロジェクトのメインテーマはファンタジー文学でした。海外の文学と日本の文学におけるそれぞれファンタジー文学を比較し、ロード・オブ・ザ・リングなどを取り上げました。最後に成果物を作らなければならないので、日本語の作品でこれまで訳されていない本を英訳しました。

――今でも印象に残っている授業や教室活動はありますか。

守山 生物のHL（上級レベル）の授業で、

先生が生徒を山の中に連れていってくれて、「自然の中で自分が取り組みたいテーマを見つけなさい」と言われました。それで友達と道なき道を行きながら、先生から「鳥の声を聞きなさい」「この蜘蛛の巣をみてごらん」と言われ、実際に現場へ行って調べるテーマを自分で探したということが印象に残っています。

──なるほど。ほかの方はどうですか。

河村 私は音楽を取っていたのですが、音楽の授業で面白い課題がありました。違うジャンルの音楽を3曲作曲しなければならないというもので、ほかにも異なる文化の音楽を比較してレポートを書いたりもしました。また、昔と現代の音楽観の比較を行い、これらの課題を通して、普段自分が聴いている音楽から受けている影響に気づきました。学校で勉強していることが普段の生活に影響してくることがあり、面白いと思いました。

──ほかの方はどうですか。特に印象に残っているものはありますか。

小牧 僕の場合は少し異なるかもしれませんが、言語A（日本語）の授業はIBらしいことがわかりました。

──具体的に説明してもらえますか。

小牧 基本的にIB教育でやることは、端的に言えば理由づけやそれを言語化する作業です。例えば、授業では「この絵はこういう色を使うことでこういう印象を与えている」とか「自分がこういう印象を得ているのは、絵にこのような要素

があるからだ」ということを書きます。特に、日本語で文学作品を分析する際は、使われている言葉やリズムの効果を取り上げました。IB教育の核にあるTOKの部分を大いに発揮できる教科だったと思います。

──農坂さんや辻さんは、振り返ってみていかがですか。

辻 ぱっと思い浮かぶのは、G8（中学2年生）の理科の授業です。教室に入ろうとすると殺人事件のように「Keep Out」と貼られているんです。躊躇していると、先生が中から「Come in」と言うので、中に入ってみると血痕らしきものがありました。その時の課題は「これまで習った化学反応の知識を使って、どれが本当の血か調べてみなさい」ということでした。

──まさに、探究的な授業ですね。農坂さんはいかがですか。

農坂 中学3年生の化学の授業で、水俣病の原因となった化学反応を授業で勉強しました。その後、パーソナルプロジェクトで実際にチッソ会社に行き、当時のメディアの報道も調べました。そして、修学旅行で現地へ行き、水俣病で苦しんでいる方々にインタビューをし、人権に関するレポートを書きました。化学反応の知識から最終的に人権問題まで勉強できたことが印象に残っています。

──すばらしいですね。教室での学びを実社会の問題と結びつけるのは、IB教

167

育の中心的な取り組みです。IBでは言語教育にも力を入れていますが、何か印象に残っていることはありますか。

辻 IBの英語教育では、文法は全くやらずに一冊の本を分析しながら授業が進んでいきました。僕は文法を習わずにその教育を受けたことを良かったと思っています。G10（高校1年生）の時、言語A（日本語）を取っていましたが、公立学校で使用する教科書も使いながら、時々はカフカの『変身』を一冊読んで分析することもありました。それは今でも印象に残っています。芥川龍之介の『羅生門』なども扱うんですが、一冊の本を読んで考察したことは楽しかったと思います。

——確かに、IBでは一冊の本をしっかり読みますね。MYPでカフカの『変身』ですか。すごいですね。ほかには、何を読みましたか。

小牧 夏目漱石の『こころ』ですかね。

——定番教材ですね。DPで勉強しましたか。

小牧 はい。言語A（日本語）のHLで扱いました。僕の場合はオーラル試験もそこから出ました。生徒が突っ込みやすい作品を先生は選んでくれたと思います。わかりやすく技法を使っているので、その意味で『こころ』は点数を取りやすい作品かもしれません。

河村 私も『こころ』や『羅生門』を読みました。筆記テストもありましたが、私の場合は、日本語をうまく話せなかっ

たのに、本の抜粋をもとにその場で分析するオーラルのテストがあり、HLで言語A（日本語）を取ることで、日本語を喋ることをトレーニングされました。それは良かったと思います。

——ほかに、何か印象に残っている作品はありますか。

守山 私自身は言語A（日本語）のSL（標準レベル）で『こころ』を勉強したのですが、それより高村光太郎の『智恵子抄』が興味深かったです。クラスでは一人ひとりが『智恵子抄』から一篇の詩を選んでそれを分析して、それが最終試験のIOC（Individual Oral Commentary）に使われるのですが、詩を発表したあとの議論が面白かったです。「発表者はこのように理解したけれど、時代背景を踏まえると別の解釈もできるよ」などのツッコミが出てきて、こうした機会が日本語の授業では多くありました。英語の授業でもありましたが、特に日本語では議論をたくさんしました。議論の末にクラス全体の結論が出されていくのですが、議論の過程でツッコミを発することで異なる意見や考えを吸収できたことはすごく楽しかったです。

——そうでしょうね。授業の様子が目に浮かびます。ほかの方の「言語A（日本語）」はどうでしたか。

農坂 教科書を使って現代文や古文を勉強しました。その時、私は現代文も古典も苦手でしたが、先日、教育実習

に行った時に、IB担当の先生のDPの言語Aを体験して、「なんだ、この面白い授業は…（笑）」と、とても感銘を受けました。この先生の授業を当時受けていたら、もう少し頑張っていたと思います。
——**どんな授業だったんですか。**
農坂 私が見学したDPの授業では、生徒から出て来た発言をそのまま展開させていき、どのような答えが返ってきても、先生はそれを引き受け、それを使って授業の流れを良い方向へもっていきました。また、普通は現代文と古典は分かれているのですが、DPでは分かれていなくて、現代文と古典を同時に学べるのはとても良いと思います。
——**さて、皆さんはIB教育を受けてきてICUに入学してきたわけですが、ICUのリベラルアーツ教育とIB教育がつながっていると実感することがありますか。**
辻 ICUで勉強する際の土台は、IB教育で培ってきたと思います。たとえば、4月に入学した日本人学生がELA（English for Liberal Arts）で学ぶwritingは、すでにG8で英語のレポートを書く際に「こういうものを使いなさい」と習い、接続詞の用法も勉強していました。夜中の2時までレポートを書くのも、中学生の頃から続いているので、ICUの教育はIBを受けてきた人にとってハードルとしては普通かと思います。
小牧 むしろ高校の頃より全然頭を使っていない。
——**そうですか。それではもっと課題を出してもらったほうがいいですね（笑）。**
辻 IB教育は大学レベルだと言うと大袈裟に聞こえるかもしれませんが、大学生でもはっとするような内容をMYPから行っていると思います。
守山 まったく同感ですね。DPは精神的にも肉体的にも大変ですが、その分、時間配分の仕方などで鍛えられ、いまの充実した大学生活が送れているのではと思います。

農坂夢香
東京学芸大学附属
国際中等教育学校
卒（MYP）

——**ICUは責任ある地球市民の育成を目指しています。社会に奉仕する人間の育成を掲げている点では、IB教育ともつながりがあると思うのですが。**
小牧 確かに、CASはそうですね。それよりも「道徳と言われているが、道徳とはそもそも何なのか」といったツッコミをするのがDPなので、社会とのつながりや社会貢献、人間性の育成などの教育はPYPやMYPの方が近いと思っています。DPではスキルを身につけることに集中していました。
——**それは試験があるからですか。**
小牧 カリキュラム全体がそうだと思います。スキルといってもクリティカル・シンキングも含みますが、考え方としてク

リティカル・シンキングができないと社会を救ったり変えたりすることができないから、そこを突き詰めるのがDPだと思います。
――ところで、3人（辻・小牧・農坂）は教育実習をしたそうですね。それについては、どうでしたか。
辻　私はICU高校で行いました。英語です。
――その時にIB教育で学んだことを活かしましたか。
辻　ICU高校は帰国子女が多いことから、文法とReadingの授業に分かれていました。Readingでは一つの学期に1冊の本を読んでいました。僕の場合は、ダニエル・キイスの『アルジャーノンに花束を』を英語で教える授業をしました。IB教育で毎日培ったものが自分の中にあったから、あの教育実習が出来たと思います。

守山美佑
立命館宇治高等学校卒（DP）

――同じくICU高校で教えた小牧さんは、いかがでしたか。
小牧　IBで受けた教育の影響は大きく、特にどういう言い方をすれば伝わりやすいかなどを鍛えたことは、教えるスキルを身につけるという点で役に立ちました。
――農坂さんは母校で実習していかがでしたか。IB出身者による実習としてDPのクラスを教えたのでしたね。
農坂　MYPしか受けていないのにDPを教えていいものか、と（笑）。
――何を具体的に教えたのですか。
農坂　私は英語Bの中にある「Communication and Media」のユニットを教えました。三つの文章があって、指導教官からはこの中から何を教えたいか質問され、自分で決めていいと言われました。今まではICUの英語科教育法で模擬授業を行ったときも何かしら教科書が決まっていて、それを用いて文法などを教えていましたが、教育実習では内容重視で、コミュニケーションとメディアに関して英語で教えました。問いを作るところから始め、私はDPも知らなかったので指導教官と一緒に取り組みました。授業も教えるというよりもディスカッションをひたすらこなしていくもので、生徒とひたすら英語でディスカッションをしました。生徒からの反応は予想ができず、自由な発想に慣れているDP生たちは空気を読まないのです（笑）。すぐ発言してくるDP生たちに対して、自分には引き出しが足りないことを実感しました。ほかの先生の授業を見学した時は、先生は生徒から何が質問されても答えていて、引き出しの多さと量に感動しました。引き出しの量はおそらく概念学習と関係していて、知識だけではなくて、知識と概念が結びついているからこそ、あれだけのことができ

るんだと思いました。

——**卒業する皆さんは、IBで学んだことを今後どのような形で活かしていきたいか、教えて下さい。**

小牧 IBで育成しようとしていることは、いつでもどこでも活かせると思います。情報の取捨選択を行い、物事を簡単に信じたりしないことは日常生活においても、仕事に就く上でも重要な能力だと思います。

辻 知識をインプットするだけではなく、アウトプットする能力は価値あるものだと思います。その力は就職する際にも役立つのではないでしょうか。日本の中学校や高校ではなかなか養えない、自分の意見を素直に言えるスキルだと思います。この間のシンポジウムでも、先生から率直さを褒められた（笑）ので、あらためてその良さを自覚しました。

農坂 私がMYPで学んで一番良かった点は概念学習です。問題や課題がある際に、それを一つの視点からだけではなくて、さまざまな点と関連づけて模索することができるようになりました。それは社会に出ても、今後向き合う問題に関しても、色々な観点から見ようとする姿勢として活かせるのではないかと思います。

——**大学生活がまだ続く2人（河村・守山）は、いかがですか。**

河村 自分がIBのDPを取っていたときは膨大な量の課題、プレゼンテーション、エッセイがあり、計画性をもって物事に取り組めるようになりました。スケジュール管理やCASも含め、時間内に作業ができるようになりました。今後就職する際にも、IB教育を乗り越えたことが自信になると思います。そういう意味ではメンタルが鍛えられました。

守山 私がDPを受けていたときには、まったく分野の異なる教科の共通点をTOKに関連して先生から教わったり、自分たちで見つけたりする機会が多かったように思います。一つの視点からだけではなくて色々な視点から物事を見て、異なるものの間にある関係性を見つけることをDPで学んだと思います。ICUならばGE（General Education、一般教育科目）に様々な分野の科目がありますが、何かしら関係があると思うので共通点を見つけていき、各分野の従来の枠を超えた領域を見出していきたいと思います。

河村ひかる
横浜インターナショナルスクール
卒（PYP, DP）

——**最後に、この本を読まれる先生方へメッセージをお願いします。**

辻 生徒一人ひとりの声を活かせる先生であってほしいですね。生徒一人ひとりに向き合い、生徒の意見を活かして取り組む授業が生徒を成長させると思います。知識のインプットのみならず、一人の人

間として生徒と向き合うのがIB教育の特徴ではないかと思います。

小牧 実績を残している先生の意見を尊重してほしいと思います。斬新な授業にIB教育らしさを感じることはできますが、それは危険だと思います。IB教育とはかけ離れている場合があるからです。そのなかで実績とは何かというと、進学実績やIBの評価にある明確な点数です。子供たちの将来に関わることなので、しっかりと点数を取らせている先生の意見を聞いてほしいと思います。

河村 IB教育が広まっていくといいなと思います。英語の話ですが、就職活動やインターンで英語のレベルを聞かれることがありますが、そのときTOEFLやSAT（Scholastic Assessmet Test、アメリカの大学進学のための標準テスト）の点数が求められます。IBで英語を受けていれば高いレベルまで達しているのですが、TOEFLなどの点数で聞かれると「あぁ…（笑）」と思います。IBを取っているなかでSATやTOEFLを受けるのは忙しくてできないです。

守山 私の学校は授業が7時間目まであり、その後はチュートリアルという時間が設けられていました。授業が終わっても最低1時間は先生が残ってくださって、質問のある生徒は自由に質問ができました。なかには下校時間まで付き合ってくれる先生もいました。先ほどもありましたが、生徒一人ひとりに向き合ってくれる先生、ニーズや理解度の異なる生徒一人ひとりに寄り添う先生でいてほしいです。

農坂 当時は辛かったけど、今振り返って良かったと思えるのがIB教育です。私も今DPの授業を見て「すごく面白い」と感じます。それを学びの段階で生徒のモチベーションに結び付けてほしいと思います。「なぜこのような評価方法なのか」と疑問に思うこともありましたが、面白さに気づけていたら学び方も変わっていたと思うので、生徒のモチベーションの保ち方も必要だと思います。IBのことを始めから知っている先生は少ないと思うので、学び続ける姿勢のなかでIBの真髄に触れる教育ができるように目指してほしいです。

――皆さん、今日はお忙しいなか、本当にありがとうございました。

資料編

①指定作家リスト（PLA）

②指定翻訳作品リスト（PLT）

③外部評価の詳細 ——上級レベル（HL）

④外部評価規準 ——上級レベル（HL）

⑤内部評価の詳細 ——上級レベル（HL）

⑥内部評価規準 ——上級レベル（HL）

⑦「言語Ａ：文学」試験見本 ——上級レベル（HL）

⑧ＤＰユニット・プランナー（単元指導案1）

資料① 指定作家リスト（PLA）

♠=男性　♡=女性
◯内＝時代

◆ 物語・小説

芥川龍之介………………♠ 近代
有吉佐和子………………♡ 現代
有島武郎…………………♠ 近代
安部公房…………………♠ 現代
泉鏡花……………………♠ 近代
井原西鶴…………………♠ 近世
井伏鱒二……………♠ 近代｜現代
石川淳……………………♠ 現代
宇野千代…………………♡ 現代
円地文子…………………♡ 現代
遠藤周作…………………♠ 現代
岡本かの子………………♡ 近代
小川国夫…………………♠ 現代
大岡昇平…………………♠ 現代
大江健三郎………………♠ 現代
大庭みな子………………♡ 現代
大佛次郎…………………♠ 現代
開高健……………………♠ 現代
梶井基次郎………………♠ 近代
川端康成……………♠ 近代｜現代
清岡卓行…………………♠ 現代
黒島傳治…………………♠ 近代
国木田独歩………………♠ 近代
倉橋由美子………………♡ 現代
河野多恵子………………♡ 現代
幸田文……………………♡ 現代
幸田露伴…………………♠ 近代
小林多喜二………………♠ 近代
佐多稲子…………………♡ 現代
坂口安吾…………………♠ 現代
志賀直哉…………………♠ 近代
島崎藤村…………………♠ 近代
島尾敏雄…………………♠ 現代

谷崎潤一郎…………♠ 近代｜現代
高橋和己…………………♠ 現代
高見順……………………♠ 現代
田山花袋…………………♠ 近代
武田泰淳…………………♠ 現代
太宰治………………♠ 近代｜現代
津島佑子…………………♡ 現代
辻邦生……………………♠ 現代
永井荷風……………♠ 近代｜現代
夏目漱石…………………♠ 近代
中勘助……………………♠ 近代
中上健次…………………♠ 現代
中島敦……………………♠ 近代
長塚節……………………♠ 近代
中野重治……………♠ 近代｜現代
中村真一郎………………♠ 現代
野間宏……………………♠ 現代
野坂昭如…………………♠ 現代
野上彌生子………………♡ 近代
原民喜……………………♠ 現代
林芙美子……………♡ 近代｜現代
埴谷雄高…………………♠ 現代
火野葦平…………………♠ 現代
樋口一葉…………………♡ 近代
二葉亭四迷………………♠ 近代
古井由吉…………………♠ 現代
深沢七郎…………………♠ 現代
福永武彦…………………♠ 現代
堀江敏幸…………………♠ 現代
堀辰雄……………………♠ 現代
宮沢賢治…………………♠ 近代
宮本輝……………………♠ 現代
宮本百合子…………♡ 近代｜現代
三島由紀夫………………♠ 現代

水上勉……………………♠ 現代
村上春樹…………………♠ 現代
村上龍……………………♠ 現代
武者小路実篤……………♠ 近代
森鷗外……………………♠ 近代
吉本ばなな………………♡ 現代
横光利一……………♠ 近代｜現代

────────────────

作者未詳『竹取物語』
　……………………上代〜中世

紫式部『桐壺』『夕顔』『若
　紫』『浮舟』の中の2巻
　……………………上代〜中世

編者未詳『今昔物語』
　任意の5段……上代〜中世

作者未詳『平家物語』
　任意の4段……上代〜中世

上田秋成『菊花の約』『浅茅
　が宿』『夢応の鯉魚』『蛇
　性の淫』『吉備津の釜』の
　中の2作品…………近世

◆ 随想・評論

伊藤整……………………♠ 現代
内田百閒…………………♠ 現代
岡倉天心…………………♠ 近代
小田実……………………♠ 現代
大岡信……………………♠ 現代
唐木順三……………♠ 近代｜現代
加藤周一…………………♠ 現代
鴨長明……………………♠ 上代〜中世
柄谷行人…………………♠ 現代
九鬼周造…………………♠ 近代
国木田独歩………………♠ 近代

小林秀雄……… ♠ 近代|現代
世阿弥……… ♠ 上代〜中世
高見順……… ♠ 現代
谷崎潤一郎……… ♠ 近代
竹西寛子……… ♥ 現代
坪内逍遥……… ♠ 近代
鶴見俊輔……… ♠ 近代|現代
中村光夫……… ♠ 現代
福沢諭吉……… ♠ 近代
堀田善衛……… ♠ 現代
正岡子規……… ♠ 現代
正宗白鳥……… ♠ 近代|現代
三木清……… ♠ 近代
森有正……… ♠ 現代
本居宣長……… ♠ 近世
山崎正和……… ♠ 現代
柳田國男……… ♠ 現代
吉本隆明……… ♠ 近代|現代
和辻哲郎……… ♠ 近代

清少納言『枕草子』より
　20段以上… 上代〜中世
吉田兼好『徒然草』より
　20段以上… 上代〜中世
松尾芭蕉『奥の細道』より
　序章〜白河の関、松島〜
　最上川、酒田〜象潟
　　　　　　… 近世

◆ 詩歌
鮎川信夫……… ♠ 現代
伊藤静雄……… ♠ 現代
石垣りん……… ♥ 現代
茨木のり子……… ♥ 現代
石川啄木……… ♠ 近代
金子光晴……… ♠ 現代
北原白秋……… ♠ 近代

草野心平……… ♠ 現代
佐藤春夫……… ♠ 近代
斉藤茂吉……… ♠ 近代
島崎藤村……… ♠ 近代
立原道造……… ♠ 近代
高村光太郎……… ♠ 現代
谷川俊太郎……… ♠ 現代
田村隆一……… ♠ 現代
俵万智……… ♥ 現代
寺山修司……… ♠ 現代
中原中也……… ♠ 現代
西脇順三郎……… ♠ 現代
萩原朔太郎……… ♠ 近代
丸山薫……… ♠ 現代
宮沢賢治……… ♠ 近代
宮柊二……… ♠ 現代
三好達治… ♠ 近代|現代
村野四郎……… ♠ 現代
室生犀星……… ♠ 近代
山村暮鳥……… ♠ 近代
与謝野晶子……… ♥ 近代
吉野弘……… ♠ 現代
若山牧水……… ♠ 近代

柿本人麻呂他『万葉集』
　任意の30首… 上代〜中世
紀貫之『古今集』
　任意の30首… 上代〜中世
藤原定家他『新古今集』
　任意の30首… 上代〜中世
編者未詳『柳多留名句選』
　任意の30句… 近世
松尾芭蕉『芭蕉俳句集』
　任意の30句… 近世
与謝蕪村『蕪村俳句集』
　任意の30句… 近世
小林一茶『一茶俳句集』

任意の30句……… 近世

◆ 戯曲
安部公房……… ♠ 現代
秋元松代……… ♥ 現代
泉鏡花……… ♠ 近代
井上ひさし……… ♠ 現代
小山内薫……… ♠ 近代
河竹黙阿弥… ♠ 近世|近代
菊池寛……… ♠ 近代
木下順二……… ♠ 現代
谷崎潤一郎……… ♠ 近代
寺山修司……… ♠ 現代
野田秀樹……… ♠ 現代
長谷川伸……… ♠ 近代
別役実……… ♠ 現代
真山青果……… ♠ 近代
三島由紀夫……… ♠ 現代
武者小路実篤……… ♠ 近代
山崎正和……… ♠ 現代
山本有三……… ♠ 近代

世阿弥他『謡曲集』
　任意の2作品… 上代〜中世
作者未詳『狂言集』
　任意の2作品… 上代〜中世
近松門左衛門
　任意の2作品……… 近世
鶴屋南北他『歌舞伎集』
　任意の2作品……… 近世
三遊亭円朝
　任意の2作品… 近世|近代

上代〜中世	…700-1600年
近世	…1600-1860年
近代	…1860-1945年
現代	…1945年 -

175

資料② 指定翻訳作品リスト（PLT）

「指定翻訳作品リスト」（PLT）は、「言語A」の作品選択のための全言語共通のリストです（体裁は下記参照）。30を超える言語から、250以上の作品が選ばれています（短編や詩のジャンルでは、作家のみが挙げられている場合もあります）。ここでは参考として、リストに掲載されている、作品を一部分紹介します。

▼指定翻訳作品リスト（体裁例）

Title in English ※	Original title	Author	Genre	Original language	♂♀	Original publication date
Hamlet	Hamlet	Shakespeare, W	Drama	English	♂	1603

※実際のリストでは、フランス語・スペイン語の表記も併記されている。

▼掲載作品例（一部抜粋）

国	作品
イギリス	『ハムレット』『ロミオとジュリエット』『マクベス』『リア王』『オセロ』（シェークスピア）／『ジェーン・エア』（C.ブロンテ）／『日の名残り』（イシグロ）／『ゴドーを待ちながら』（ベケット）
フランス	『赤と黒』（スタンダール）／『カンディード』（ヴォルテール）／『ゴリオ爺さん』（バルザック）／『異邦人』『ペスト』（カミュ）
ドイツ	『ファウスト』（ゲーテ）／『ヴェニスに死す』（マン）
イタリア	『不在の騎士』（カルヴィーノ）／『薔薇の名前』（エーコ）
ロシア	『父と子』（ツルゲーネフ）／『罪と罰』『カラマーゾフの兄弟』（ドストエフスキー）／『アンナ・カレーニナ』（トルストイ）／『かもめ』『ワーニャ伯父さん』『三人姉妹』『桜の園』（チェーホフ）
アメリカ	『日はまた昇る』『武器よさらば』（ヘミングウェイ）／『セールスマンの死』（ミラー）／『ガラスの街』（オースター）／『ハックルベリー・フィンの冒険』（トウェイン）
中国	『道徳経』（老子）、『荘子』（荘子）、『論語』（孔子）、王維、李白
アルゼンチン	『蜘蛛女のキス』（プイグ）
ノルウェー	『人形の家』（イプセン）
ニュージーランド	『クジラの島の少女』（イヒマエラ）

資料③ 外部評価の詳細——上級レベル（HL）

試験問題1：文学論評（所要時間：2時間／配点：20％）

　「試験問題1」には、生徒が初めて読む未習の文学作品の抜粋が2つ含まれており、生徒はこれらの抜粋のうちの1つについて論評を書くよう指示されます。このうち、一方は詩で、もう一方は以下のような作品の中から選ばれます。

　　・小説、または短編小説／・小論文／・伝記／・文学的価値のある新聞や
　　　雑誌の文章

　論評に使用される課題文は、それ自体完成した作品である場合と、長い作品からの抜粋である場合があります。「指定作家リスト」（PLA）に記載されている作家の作品や、授業で学習していると思われる作品は、可能な限り回避されます。

　「論評」とは、小論文の形態による詳細な作品解釈（クロース・リーディング）を指します。生徒は、内容、技法、スタイル（文体）、テーマ、言葉遣いなどの側面を詳しく探究する必要があり、以下の能力に応じて評価されます。

　　・詳細な参照によって裏づけられた解釈を通じて、課題文に表された考え
　　　および感情への理解を明示する。

　　・課題文が、どのように効果を達成したかについて分析し深く理解する。

　論評へのアプローチや構成については、許容範囲が広いものの、優れた論評は単に作品の内容をまとめたり、効果を羅列したりするのではなく、それらについて説明するものです。すべての論評は、一貫性をもって論旨を展開するものでなければならず、相互に無関係な段落で構成された論評が高い評点を得ることはありません。

　「試験問題1」は、本資料に記載された評価規準に基づき評価されます。「試験問題1」の最高得点は、20点です。

試験問題2：小論文（所要時間：2時間／配点：25％）

　「試験問題2」には、「指定作家リスト」（PLA）の各ジャンルに関する小論文の設問が3つあります。このうち生徒が解答するのは1つだけです。

　小論文は、試験の条件に基づき、授業で学習した作品（つまり本）を試験場

に持ち込まずに書きます。設問はいずれも、特定のジャンルの文学的表現技法を用いてどのように内容が伝達されているかを考察するように指示するものです。生徒は、「言語A：文学」コースの「パート3：ジャンル別学習」で学習した、少なくとも2作品について、類似点と相違点を比較し対比することが要求されます。作品の比較は「規準B：設問に対する答え」に基づき評価されます。

　試験問題は、この資料に後述されている評価規準に従って評価されます。「試験問題2」の最高得点は25点です。

記述課題（配点25％）

　「記述課題」は、「パート1：翻訳作品」で学習した翻訳作品に基づいています。生徒は、「振り返りの記述」とともに分析的小論文を仕上げます。これはコースの期間中に作成され、外部評価を受けます。以下に挙げる詳細は、生徒が十分な情報を得て独自の小論文を作成するためのものです。

提出する学習成果物

・文学に関する小論文（literary essay）

評価対象となる語数（字数）：1200〜1500語

（日本語の場合は2400〜3000字）

・関連した「振り返りの記述」（reflective statement）

評価対象となる語数（字数）：300〜400語

（日本語の場合は600〜800字）

目標…………生徒がトピックを選び、「教師の監督の下での記述活動」で書いた記述物の1つを発展させ、文学に関する分析的小論文を作成する。

評価…………「振り返りの記述」と「小論文」の両方について、5つの評価規準（A〜E）に基づき最高25点を付与する。

プロセス…口述、記述からなる4段階のプロセス（詳細は以下の各段階を参照←※本書では割愛。▶**第2章①参照**）。

管理…………「振り返りの記述」と「教師の監督下での記述活動」での記述物のコピーをすべてファイルして保存。

資料④	**外部評価規準**──上級レベル(HL)

試験問題1: 論評

規準 A	**理解と解釈**	5点
	• 生徒の解釈は、どの程度課題文の考えや感情に対する理解を示しているか。 • 生徒の考えは、どの程度課題文を参照し、裏づけられているか。	
規準 B	**作者の選択についての認識**	5点
	• 生徒の分析は、作者の言語、構成、技法およびスタイル (文体) に関する選択がどのように意味を形成しているかについて、どの程度の認識を示しているか。	
規準 C	**構成と展開**	5点
	• 考えの提示の仕方は、どの程度、効果的に構成されているか。また、どの程度、一貫性があるか。	
規準 D	**言語**	5点
	• 言葉遣いがどの程度、明確、かつ多様で、正確であるか。 • 言語使用域 (レジスター)、スタイル (文体) および専門用語の選択がどの程度適切か(この文脈では、生徒による課題に適切な語彙、語調、文章の構成や専門用語の使用を「レジスター」と呼ぶ)	
	合計	**20点**

試験問題2: 小論文

規準 A	**知識と理解**	5点
	• 「パート3：ジャンル別学習」で学んだ文学作品についての設問に対する生徒の答えは、その作品についてどの程度の知識と理解を示しているか。	
規準 B	**設問に対する答え**	5点
	• 生徒は、設問の特定の要求をどの程度よく理解しているか。 • 生徒は、これらの要求に対してどの程度対応しているか。 • 設問の要求について、文学作品をどの程度よく比較し対比しているか。	
規準 C	**当該ジャンルの文学的表現技法についての認識**	5点
	• 生徒は、文学作品および設問について、文学的表現技法をどの程度、特定して認識しているか。	
規準 D	**構成と展開**	5点
	• 考えの提示の仕方が、いかに体系的に一貫性をもって展開されているか。	

179

規準 E	言語	5点
	• 言葉遣いがどの程度、明確、かつ多様で、正確であるか。 • 言語使用域（レジスター）、スタイル（文体）および専門用語の選択がどの程度適切か（この文脈では、生徒による課題に適切な語彙、語調、文章の構成や専門用語の使用を「レジスター」と呼ぶ）。	
	合計	**25点**

記述課題

規準 A	**「振り返りの記述」の要件を満たす**	3点
	• 生徒が「対話形式の口述活動」を通じて、文化的および文脈的要素に関する理解をどの程度示しているか。	
規準 B	**知識と理解**	6点
	• 生徒は、選択した文学作品の知識と理解を示すにあたって、トピックと小論文をどの程度効果的に使用しているか。	
規準 C	**作者の選択についての認識**	6点
	• 生徒は作者の言語、構成、技法およびスタイル（文体）に関する選択がどのように意味を形成しているかについてどの程度認識しているか。	
規準 D	**構成と展開**	5点
	• 考えが、いかに効果的にまとめられているか。また、作品への参照が、考えの展開にいかにうまく結びつけられているか。	
規準 E	**言語**	5点
	• 言葉遣いがどの程度、明確、かつ多様で、正確であるか。 • 言語使用域（レジスター）、スタイル（文体）および専門用語の選択がどの程度適切か（この文脈では、生徒による課題に適切な語彙、語調、文章の構成や専門用語の使用を「レジスター」と呼ぶ）。	
	合計	**25点**

資料⑤ 内部評価の詳細──上級レベル（HL）

　以下の表は、上級レベルの正規の口述課題の要件をまとめたものです。それぞれの課題の最高得点は30点です。

個人口述コメンタリーおよびディスカッション（30点）	
抜粋	「パート2：精読学習」で学習した詩
準備時間	20分（論評の準備、ディスカッションの準備時間はなし）
所要時間合計	20分（口頭での論評10分の後、ディスカッション10分）
所要時間内訳	口頭での論評：論評8分の後、教師との質疑応答2分の計10分
個人口述プレゼンテーション（30点）	
課題作品	パート4で学習した作品1つかそれ以上
準備時間	生徒が授業外の自分の時間を使ってプレゼンテーションを準備する
所要時間合計	10〜15分

個人口述コメンタリーとディスカッション（配点：15％／所要時間：20分）

> 注：「個人口述コメンタリー」では、内部評価の後、IBによる外部モデレーション（評価の適正化）が実施されます。「個人口述コメンタリー」は、モデレーションの目的のために録音することが求められています。録音と録音済みテープの郵送の手順は毎年、『DP手順ハンドブック』に記載されます。

個人口述コメンタリー：10分

- 「個人口述コメンタリー」は詩、または詩の抜粋の文学分析です。対象作品はコースのシラバスの「パート2：精読学習」で学習した詩の中から教師が選択します。
- 生徒は準備期間が始まるまで、対象の詩、または詩の抜粋がどの作品であるかを知ることはできません。
- 詩には、教師による1つまたは2つの「考察を促す問い」が添えられなければなりません。

181

ディスカッション：10分

- ディスカッションは、個人の口頭での論評の終了直後に、教師が録音を止めずに実施します。
- ディスカッションでの問いかけの対象となる作品は、「パート2：精読学習」で学習し、口頭での論評では使用されなかった2つの作品のうちの1つでなければなりません。
- 生徒が事前にディスカッションの対象となる作品を知ることは許可されていません（明らかにされるのは、口頭での論評の後です）。

《※以下略》

個人口述プレゼンテーション（配点：15％／所要時間：10～15分）

注：「個人口述プレゼンテーション」は内部評価され、IBによるモデレーション（評価の適正化）は、「個人口述コメンタリー」を通じて実施されます。「個人口述プレゼンテーション」の録音はIBへは送られません。詳細は毎年『DP手順ハンドブック』に記載されます。

「個人口述プレゼンテーション」はシラバスの「パート4：自由選択」で学習した1つ（または複数の）作品に基づいて実施します。各生徒は教師と相談の上、プレゼンテーションのトピックを選択します。

トピックの選択

生徒は個人的な興味を反映するトピックを選びます。学習した作品のあらゆる側面に基づいてトピックを決定することができます。例えば、以下のようなトピックが考えられます。

- 作品の文化的背景とそれに関連する諸問題
- テーマの焦点
- 人物描写
- 技法とスタイル（文体）
- 作品の特定の要素（例えば登場人物、話題など）に関する作者の態度
- 特定の要素に関する別の観点からの解釈

《※以下略》

資料⑥　内部評価規準——上級レベル（HL）

個人口述コメンタリーおよびディスカッション

規準 A	**詩の知識と理解**	5点
	・課題の詩に対する生徒の知識と理解は、彼らの解釈によりどの程度うまく表明されているか。	
規準 B	**作者の選択についての認識**	5点
	・生徒は作者の言語、構成、技法およびスタイル（文体）に関する選択がどのように意味を形成しているかについてどの程度認識しているか。	
規準 C	**論評の構成とプレゼンテーション**	5点
	・生徒は、どの程度、構成を考慮し、焦点を絞った論評を行っているか。	
規準 D	**ディスカッションに使用された作品についての知識と理解**	5点
	・ディスカッションに使用した作品についてどの程度の知識と理解を示しているか。	
規準 E	**ディスカッションでの問いかけに対する答え**	5点
	・生徒がディスカッションでの問いかけに対しどの程度効果的に答えているか。	
規準 F	**言語**	5点
	・言葉遣いはどの程度明確で、多様で、正確であるか。 ・言語使用域（レジスター）、スタイル、専門用語の選択はどの程度適切か（この文脈では生徒による課題に適切な語彙、語調、文の構成、専門用語の使用を「レジスター」と呼ぶ）。	
	合計	**30点**

個人口述プレゼンテーション

規準 A	**課題作品についての知識と理解**	10点
	・プレゼンテーションに使用した作品について生徒はどの程度理解を示しているか。	
規準 B	**プレゼンテーション**	10点
	・効果的かつ適切なプレゼンテーションを行う上で、どの程度の配慮がなされているか。 ・聴衆の関心を引きつける上で、どの程度ストラテジーが用いられているか（例えば、可聴性、アイコンタクト、ジェスチャー、補助教材の効果的な使用など）。	
規準 C	**言語**	10点
	・言葉遣いはどの程度明確で、多様で、正確であるか。 ・言語使用域（レジスター）、スタイル、専門用語の選択はどの程度適切か（この文脈では生徒による課題に適切な語彙、語調、文の構成、専門用語の使用を「レジスター」と呼ぶ）。	
	合計	**25点**

| 資料⑦ | 「言語 A:文学」試験見本——上級レベル（HL） |

試験問題1

　次の文章と詩のうちどちらか一つを選んで文学論評を書きなさい。

1. 丸谷才一「小説を批判された経験」『遊び時間』(1968)　※1900字程度
2. 吉行理恵『青い部屋』(1963)　※28行／400字程度

《※本文は省略》

試験問題2

　次の問題から1つを選んで、小論文（エッセイ）を書きなさい。その際、「パート3：ジャンル別学習」で学んだ、少なくとも2作品に言及しなさい。パート3の2作品を使用していない場合は減点となります。なお、小論文を書くにあたっては、必ず作品の類似点と相違点を比較・対比すること。

○物語・小説

1. 物語や小説における主要登場人物の身振りまたは動作は、しばしば重要な意味をもっています。少なくとも2つの作品を比較・対比しながら、主要登場人物の身振りまたは動作を分析しその重要性を論じなさい。
2. 物語や小説において、視点の設定はどのように行われていますか。少なくとも2つの作品を比較・対比しながら、考えるところを論じなさい。
3. 物語や小説においては、時間の流れが重要な役割を果たす事があります。時間の流れは、作者によってどのように扱われどのような効果をあげているかを、2つの作品を比較・対比しながら論じなさい。

○随筆・評論

4. 随筆や評論において、人生に対する作者の考え方はどのように表現されていますか。少なくとも2つの作品を比較・対比しながら、考えるところを論じなさい。
5. 「随筆や評論を書くためには、想像力は必要ない」という考え方があります。少なくとも2つの作品を比較・対比しながら、この主張について考

えるところを論じなさい。

6. 語調や文体は、随筆や評論においてどのような役割をもち、また、どのような効果をあげていますか。少なくとも2つの作品を比較・対比しながら、考えるところを論じなさい。

○詩歌

7. 詩の中で使われている言葉やその表記方法は、詩人が意図的に選択したものです。少なくとも2つの作品から例をあげて、その意図と効果を比較・対比しなさい。

8. 詩人の生涯、または詩人が好んで用いる技法を知る事は、その詩人の作品を理解するうえで必要でしょうか。少なくとも2つの作品を比較・対比しながら、考えるところを論じなさい。

9. 「詩は難解である」と考える人が多くいます。詩のもつどのような特色が、人々にこのような印象を与えていると考えますか。少なくとも2つの作品を比較・対比しながら論じなさい。

○戯曲

10. 戯曲における脇役の重要性を、少なくとも2つの作品を比較・対比しながら論じなさい。

11. 戯曲における沈黙は、ときには言葉よりも多くを語ると言われています。少なくとも2つの作品を比較・対比しながら、沈黙が劇の展開にどのような効果を与えているかを論じなさい。

12. 劇作家は、登場人物の過去の出来事をどのような方法を用いて、観客または読者に伝えようとしていますか。少なくとも2つの作品を比較・対比しながら論じなさい

資料⑧ DPユニット・プランナー（単元指導案1※）

教師名		教科および科目			
シラバスの セクション およびトピック		レベル （SLまたは HL）と 学年		日付	
単元の説明および使用する教材等		本単元のための DPの評価			

探究：単元の目標を設定する

転移 (transfer) の目標　本単元の全体を通して重要となる長期目標を1〜3つ挙げてください。転移の目標とは、生徒が単元の学習で身につけた知識、スキル、もしくは概念を、教師によるスキャフォールディング（足場づくり）なしで新しい環境や異なる状況に転移させ、応用できるようになることを掲げる重要な目標です。

行動：探究型の「指導」と「学習」

理解すべき重要な内容、スキル、概念	学習のプロセス　単元の指導方法に当てはまるものをチェックしてください（複数選択可）。学習を手助けするさまざまな方法を探ります。
生徒は以下の内容を学びます	**学習経験および自立学習に向けた方法と計画：** □講義 □ソクラテス式セミナー □少人数のグループもしくは2人1組での学習 □パワーポイントを用いた講義もしくは説明 □個人発表
生徒は以下のスキルを身につけます	□グループ発表 □生徒による講義または進行 □学際的な学習 詳細： □その他：
生徒は以下の概念を理解します	**形成的評価：**
	総括的評価：
	差別化（ディファレンシエーション）した指導： □アイデンティティーの肯定——自尊心を育む

	□すでにもっている知識を尊重する □スキャフォールディング（足場づくり）で学習を促す □学習を広げる 詳細：

学習の方法　本単元における「学習の方法」へのつながりについて当てはまるものをチェックしてください。「学習の方法」の詳細についてはこちら（注1）をご覧ください（複数選択可）。

□思考スキル　　　　　　□社会性スキル　　　　　□コミュニケーションスキル
□自己管理スキル　　　　□リサーチスキル　　　　詳細：

「言語と学習」へのつながり　本単元における「言語と学習」へのつながりについて当てはまるものをチェックしてください（複数選択可）。IBの言語と学習の方法についてはこちら（注2）をご覧ください。	**「知の理論」（TOK）へのつながり**　本単元におけるTOKへのつながりについて当てはまるものをチェックしてください（複数選択可）。	**「創造性・活動・奉仕」（CAS）へのつながり**　CASへのつながりについて当てはまるものをチェックしてください（複数選択可）。いずれを選択した場合にも、「詳細」欄に、生徒が単元の中でどのようにCASに取り組んだかを簡単に説明してください。
□背景知識を活性化する □新たな学習のためのスキャフォールディング（足場づくり）を行う □実践を通して新たな学びを得る □能力を発揮する 詳細：	□個人の知識と共有された知識 □知るための方法 □知識の領域 □知識の枠組み 詳細：	□創造性 □活動 □奉仕 詳細：

資料　本単元で使用する資料がある場合には、ここに記入したうえで、資料を添付してください。

振り返り：計画、プロセス、探究についての考察

うまくいった点　本単元において成功した部分（内容、評価、計画）を挙げてください。	**うまくいかなかった点**　本単元において期待通りにいかなかった部分（内容、評価、計画）を挙げてください。	**備考・変更点・提案**　本単元の今後の指導について、コメント、提案、検討事項があれば挙げてください。

※現在国際バカロレア機構（IBO）のホームページ「『指導の方法』と『学習の方法』」には、「DP単元指導案テンプレート」が3種類掲載されている。本資料はそのうちの一つである。
（注1・2）IBO『ディプロマプログラムにおける「指導」と「学習」』

参考文献一覧

【主要参考文献（IBO発行）】
- 国際バカロレア機構[IBO]（日本語版、2014）『国際バカロレア（IB）の教育とは？』
- IBO（日本語版、2014）『IBプログラムにおける「言語」と「学習」』
- IBO（日本語版、2014）『一貫した国際教育に向けて』
- IBO（日本語版、2014）『DP：原則から実践へ』
- IBO（日本語版、2015）『ディプロマプログラムにおける「指導」と「学習」』
- IBO（日本語版、2014）『「言語Ａ：文学」指導の手引き』
- IBO（日本語版、2014）『「言語Ａ：文学」教師用参考資料』
- IBO（日本語版、2016）『「言語Ａ：言語と文学」指導の手引き』
- IBO（日本語版、2016）『「言語と文学」（MYP）指導の手引き』
- IBO（日本語版、2014）『「創造性・活動・奉仕」（CAS）補足資料』
- IBO（日本語版、2015）『「創造性・活動・奉仕」（CAS）指導の手引き』
- IBO（日本語版、2015）『「創造性・活動・奉仕」（CAS）教師用参考資料』
- IBO（日本語版、2015）『「知の理論」（TOK）指導の手引き』

【参考ホームページ】
- IBOホームページ〈www.ibo.org〉
  「Resources for schools in Japan」
  〈http://www.ibo.org/en/about-the-ib/the-ib-by-region/ib-asia-pacific/information-for-schools-in-japan/〉（2017年8月28日検索）
  ※IBOホームページ内の「Resources for schools in Japan」では、上記参考文献のPDFデータが公開されている（『ディプロマプログラムにおける「指導」と「学習」』のみ、下記【「資料編」出典】⑧を参照）。
- 文部科学省ホームページ「国際バカロレアについて」
  〈http://www.mext.go.jp/a_menu/kokusai/ib/index.htm〉

【「資料編」出典】
① IBO（2011）『指定作家リスト（PLA：Prescribed list of authors）』
② IBO（2011）『指定翻訳作品リスト（PLT：Prescribed literature in translation list）』
③ IBO（2015）『「言語Ａ：文学」指導の手引』（pp.53-54）
④ 同上 （pp.54-63）
⑤ 同上 （p.77-82）
⑥ 同上 （p.82-87）
⑦ IBO（2015）『言語Ａ：文学 上級レベル・標準レベル 試験見本』
⑧ IBOホームページ『『指導の方法』と『学習の方法』』
  〈https://ibpublishing.ibo.org/dpatln/apps/dpatl/index.html?doc=d_0_dpatl_gui_1502_1_j&part=1&chapter=1〉内の「単元指導案」（2017年8月28日検索）

あ と が き

　本書の企画ならびに執筆に取り掛かった2016年10月頃、国内のIB認定校の数は39校でした。2017年10月現在、総数は46校です。特に1条校が増え、15校から20校になりました。インナーナショナル・スクールも2校増えました。文科省が目論む「2020年までに200校以上を開校する」という目標にはまだ遠い道のりですが、国内のIB認定校の数は確実に増加しています。

　本書の執筆に関わってくださった方の多くは、IB認定校の現職の先生方です。多忙な日々の中から貴重な時間とエネルギーを割いて、原稿を執筆してくださいました。そのことに心よりお礼を申し上げます。また、大修館書店の木村信之氏にも、企画の段階から大変にお世話になりました。特に、編集の過程では、適切なアドバイスをしてくださり、深く感謝しています。こうした方々の尽力無くしては、本書は店頭に並ぶことがなかったと思います。

　IB教育の分野では、今後、教科に特化した様々な本が出版されることと思います。本書がその魁となり、IB教育のさらなる発展に少しでも寄与できることを切に願っています。

2017年10月16日
ICUにて、半田淳子

執筆者・執筆箇所一覧（執筆順、所属は執筆当時）

半田淳子（はんだ　あつこ）
　　国際基督教大学教養学部教授［第1章①、コラム①～③］

内藤満地子（ないとう　まちこ）
　　アメリカンスクールインジャパン教諭［第1章②］

小澤大心（おざわ　こころ）
　　アオバジャパン・インターナショナルスクール教諭［第1章③］

勝俣文子（かつまた　ふみこ）
　　加藤学園暁秀中学校・高等学校非常勤講師／玉川大学学術研究所特別研究
　　員［第1章④］

福島浩介（ふくしま　こうすけ）
　　英数学館高等学校教諭［第2章①］

野村春佳（のむら　はるか）
　　ぐんま国際アカデミー中高等部教諭［第2章②］

高松美紀（たかまつ　みき）
　　東京都立国際高等学校教諭［第2章③］

杉本紀子（すぎもと　のりこ）
　　東京学芸大学附属国際中等教育学校主幹教諭［第2章④］

高橋檀（たかはし　まゆみ）
　　JPTIP（日鏵國際企劃股份有限公司）日本教育事業部［第3章①］

遠藤みゆき（えんどう　みゆき）
　　関西学院大阪インターナショナルスクール教諭／関西学院大学国際教職プ
　　ログラム開講準備委員会委員［第3章②］

樋口さやか（ひぐち　さやか）
　　ぐんま国際アカデミー中高等部教諭［第3章③］

廣瀬充（ひろせ　みつる）
　　東京学芸大学附属国際中等教育学校教諭［第3章④］

［編著者紹介］

半田淳子（はんだ　あつこ）

東京都生まれ。東京学芸大学大学院で教育学修士を、東京大学大学院で文学修士を取得。その後、モナッシュ大学（オーストラリア）で博士号（日本研究）を取得。現在、国際基督教大学教養学部教授。専門分野は、日本近代文学、国語教育、日本語教育。

著書に、『永遠の童話作家　鈴木三重吉』（高文堂出版）、『村上春樹、夏目漱石と出会う──日本のモダン・ポストモダン』（若草書房）など。IB 関連の論文に、「国際バカロレアの言語教育に関する一考察──国語教育とリベラルアーツ教育との関連から」（『ICU 日本語教育研究』11 号）、「本質・学際・言語学習──国際バカロレアが示すこれからの教師像」（『日本語学』2015 年 10 月号）、「『日本語 A: 文学』の視点で読む魯迅の『故郷』──二つの作品を比較する」（『IB 教育における国語科授業とアクティブラーニング（AL）に関する総合的研究』東京学芸大学、2017 年 3 月）がある。

国語教師のための国際バカロレア入門
──授業づくりの視点と実践報告

©HANDA Atsuko, 2017　　　　　　　　　　　　　　NDC 375 ／ 190p ／ 21cm

初版第 1 刷──2017 年 12 月 10 日

編著者─────半田淳子
発行者─────鈴木一行
発行所─────株式会社 大修館書店
　　　　　　　〒 113-8541 東京都文京区湯島 2-1-1
　　　　　　　電話 03-3868-2651（販売部）03-3868-2291（編集部）
　　　　　　　振替 00190-7-40504
　　　　　　　［出版情報］https://www.taishukan.co.jp

装丁者─────内藤惠子
印刷所─────広研印刷
製本所─────ブロケード

ISBN 978-4-469-22262-3 Printed in Japan
®本書のコピー、スキャン、デジタル化等の無断複製は著作権法上での例外を除き禁じられています。本書を代行業者等の第三者に依頼してスキャンやデジタル化することは、たとえ個人や家庭内での利用であっても著作権法上認められておりません。